Mädchen auf der Überholspur

Für die Zwillinge Miriam und Sabine

Werner Blattert

Mädchen auf der Überholspur

Werner Blattert, geb. 1944 in Hatzfeld/Eder, studierte Pädagogik, Psychologie, Soziologie, Politik, Deutsche Sprache und Literatur in Frankfurt und Gießen. Mehr als drei Jahrzehnte unterrichtete er als Lehrer Mädchen und Jungen unterschiedlichen Alters. Als Bruder einer Zwillingsschwester begann sein Bewusstsein für geschlechtliche Abweichungen schon frühzeitig aufzukeimen.
Veröffentlichungen: Mitbestimmung bei Konfliktsituationen, Frankfurt am Main 1973. Bewältigung von Aggressionen, Frankfurt am Main 1979. Wertekrise, Norderstedt 2003.

Bibliografische Information der Deutschen Nationalbibliothek:
Die Deutsche Nationalbibliothek verzeichnet diese Publikation in der Deutschen Nationalbibliografie; detaillierte bibliografische Daten sind im Internet über
< http://dnb.d-nb.de > abrufbar.

© 2007 Werner Blattert
Umschlagillustration: Sylvain Wehnert
Satz, Umschlagdesign, Herstellung und Verlag:
Books on Demand GmbH, Norderstedt
ISBN: 978-3-8334-6371-6

Inhalt

Vorwort
Das Weibliche auf der Überholspur?
Das Männliche abgehängt?   7

1. Lebensbedingungen   11

2. Fehlsteuerungen in der Wohlstandsgesellschaft   25

3. Mutter-Kind-Beziehung   42

4. Triebverhalten   57

5. Ernährungsangebote und Essgewohnheiten
    schwächen die Selbstkontrolle   73

6. Konsumzwang und Sucht   82

7. Übersteigerter Medienkonsum   90

8. Bildungsabschlüsse   101

9. Geschlechtsunterschiede   108

Krise des Männlichen?
Ausblick   135

Literaturhinweise   139

Vorwort

Das Weibliche auf der Überholspur?
Das Männliche abgehängt?

Seit über sechzig Jahren erlebe ich täglich die Unterschiede des weiblichen und männlichen Geschlechts. Zusammen mit meiner Zwillingsschwester besuchte ich nach dem Zweiten Weltkrieg die ersten beiden Grundschulklassen, damals Volksschule genannt. Nach Abitur und Studium unterrichtete ich länger als drei Jahrzehnte Mädchen und Jungen unterschiedlichen Alters. Besonders in meiner Rolle als Zwilling hatte ich schon früh eine unbewusste Sensibilität für das Verhalten von Mädchen und Jungen entwickelt. In Bezug auf häusliche und schulische Aufgaben konnte ich meiner Schwester nicht das Wasser reichen. Nicht nur, dass sie stets pflichtbewusster und verlässlicher war. Sie war auch leistungsbereiter und leistungsfähiger.

In meinem Unterricht als Lehrer bestätigte sich dies: Es gab mit Jungen immer größere Schwierigkeiten als mit Mädchen. Schülerinnen arbeiteten aus eigenem Antrieb. Schüler musste man viel stärker anspornen und in ihrem Verhalten kontrollieren. Lehrerinnen waren für den Unterricht meist besser, ausführlicher und gewissenhafter vorbereitet als ihre männlichen Kollegen.

Die meisten Familien der damaligen Zeit hatten jeden Tag aufs Neue um ihre Existenz zu kämpfen. Waschmaschinen oder Zentralheizungen besaßen nur wenige. Jungen mussten schon mit zehn Jahren Holz für Herd und Ofen spalten, Mädchen im Haushalt, bei der Essenzubereitung oder beim Wäschewaschen mithelfen. Die vielen täglichen Arbeiten kosteten Zeit.

Erzogen wurde so, wie die Eltern selbst erzogen worden waren. Diskussionen zwischen Mutter und Vater über den richtigen Weg gab es fast nie. Es wurde spontan aus dem Bauch heraus entschieden. Die meisten Mütter waren Hausfrau und Mutter. Als einzige häufig geäußerte Formel musste man sich als Kind anhören: Streng dich an, damit es dir mal besser geht.

Ablenkungen durch Medien und Konsum waren unbekannt. Kinder spielten oder betätigten sich außerhalb des Hauses im Freien. Durch ständiges Mitarbeiten in der Familie, dazu die schulischen Aufgaben, waren die körperlichen Energien am Abend verbraucht. Dicke Kinder stellten eine Ausnahme dar.

Eltern-Säuglings-Sprechstunden werden heutzutage vermehrt in Anspruch genommen. Hunderttausende suchen inzwischen Erziehungsberatungsstellen auf. Anbieter sind Schulen, Kommunen, Kirchen, Sozialverbände. Elterntreffs stehen hoch im Kurs. Die Zahl der erzieherischen Einzelbetreuung steigt seit Jahren. Warum?

Fehlverhaltensweisen von Kindern und Erziehungsunsicherheiten wachsen.

In Deutschland werden zurzeit im Schnitt nur noch etwa 1,3 Kinder geboren.

Seit vielen Jahren nehmen Sprach-, Verhaltens- und Gesundheitsstörungen zu. Jedes zweite Kind hat mindestens eine Auffälligkeit. Jungen sind deutlich stärker betroffen als Mädchen.

Für die Wirtschaft ist der Nachwuchs besonders interessant. Die Zielgruppe umfasst etwa 15 Millionen Kinder und Jugendliche, deren Kaufkraft über 20 Milliarden Euro beträgt. Markenartikel als Statussymbole und Markenbewusstsein haben in den zwischenmenschlichen Beziehungen einen dominanten Stellenwert erreicht. Aussehen ist oft wichtiger als Charakter. Immer mehr Firmen dringen mit Werbung, Marketing und Sponsoring in Kindergärten und Schulen vor. So werden Kinder zu früh auf Kaufen getrimmt. Kommerzialisierung und Konsum werden so im Gefühlsleben und im Bewusstsein überstark verankert. Für viele führt dies zu Störungen in der Persönlichkeitsentwicklung. Nicht nur das: Oft verschulden sich auf diese Weise die Heranwachsenden und deren Eltern.

Die meisten Kinder setzen bereits von klein auf mehr oder weniger überwiegend ihre Wünsche durch. Im Einzelfall hängt dies von der materiellen Situation der Familie ab. Wird ein Bedürfnis nicht sofort befriedigt, reagiert der Nachwuchs mit Widerstand. Ständige Durchsetzungserfolge erhöhen die Aggressionsbereitschaft in zukünftigen Situationen. Kinder haben von Anfang an von allem zu viel. Beispiel: Viele verfügen bereits als Vorschulkinder über ein eigenes Fernsehgerät und werden damit „stillgehalten". Extremer Medienkonsum verringert langfristig die körperliche und geistige Leistungsfähigkeit von Kindern und Jugendlichen. Immer mehr Kinder verbringen mehr Zeit vor dem Fernseher und mit Computerspielen als in der Schule. Vielseher und Vielnutzer sind vor allem Jungen.

Mangelnde Bewegung und falsche Ernährung führen zu motorischen Fehlentwicklungen. Werden Kinder zu wenig gefordert und gefördert, verkümmern Neugier und Anstrengungsbereitschaft. Die Schülerzahlen in den Klassen sind oft zu hoch. In Riesenklassen beeinträchtigt die ständige Unruhe die Konzentration. Unterrichtsstörungen gehen vorwiegend von verhaltensauffälligen Schülern männlichen Geschlechts aus. Lernklima und Lernerfolge leiden.

Zu vielen Schulabgängern und einer immer größeren Anzahl

junger Menschen fehlen Grundkenntnisse im Schreiben und Rechnen. Jungen, im Gegensatz zu Mädchen, zeigen nur eine geringe oder keine Lesemotivation. Erhebliche Mängel hinsichtlich der Lesefähigkeit sind zu konstatieren. Dies wirkt sich abträglich auf die Kenntnisse in Mathematik, Naturwissenschaft und Technik aus. Langfristig unvermeidliche Konsequenz: Nachteile für den Standort Deutschland. Denn ein großer Teil der Wirtschaftsleistung entsteht in technologisch ausgerichteten Unternehmen.

Eine immer größere Quote junger Menschen ist nicht ausbildungsfähig. Sie umfasst mehr als ein Viertel. Zu dieser Risikogruppe gehören vor allem Jungen. Zu wenige Abiturienten trauen sich ein Studium in Physik und den Ingenieurwissenschaften zu. Diejenigen, die beginnen, fühlen sich schon bald überfordert und brechen vorzeitig ab.

Inzwischen lassen die Mädchen beim Bildungsaufstieg die Jungen hinter sich. In den vergangenen Jahrzehnten hat der Anteil der studienberechtigten männlichen Schulabgänger ab-, der der weiblichen dagegen zugenommen. Einsicht in die Hintergründe ist nur möglich, wenn man die vielfältigen Wirkungen berücksichtigt, unter denen junge Menschen aufwachsen. Die technischen Lebensbedingungen erleichtern die Bewältigung des Alltags wie nie zuvor. Gleichzeitig wird der Mensch insgesamt weniger körperlich gefordert. Für Heranwachsende, besonders Jungen, voller motorischer und Aggressionsenergie, verursacht dies erhebliche Nachteile. Überschüssige Energie wird nicht ausreichend abreagiert, Bequemlichkeitshaltungen entsprechend gefördert. Fehlverhaltensweisen entwickeln sich zunehmend. Darunter leidet die Leistungsfähigkeit. Für Mädchen entstehen geringere Beeinträchtigungen als für Jungen, was die nachfolgenden Ausführungen verdeutlichen.

1. Lebensbedingungen

These: Durch die Waren produzierende, technisierte Wohlstandsgesellschaft, verbunden mit Kommerz und Konsum, hat sich bei einer großen Zahl von Erwachsenen und Kindern eine enorme Anspruchs- und Verwöhnungshaltung aufgebaut. Die Folgen sind unübersehbar: mangelnde Anstrengungsbereitschaft, Motivationsschwächen und Verweichlichung.

Die angeborene Biologie des Menschen ist formbar. Sie verändert sich in Wechselwirkung mit Mitmenschen, Lebewesen und Umfeld. Was ist angeboren und was anerzogen? Wie groß ist der Anteil ererbter oder erworbener Verhaltensweisen? Diese Fragen lassen sich in den allermeisten Fällen nicht stichhaltig beantworten. Eines ist sicher: Die Lebensbedingungen haben einen erheblichen Einfluss auf das Verhalten von Individuen, Gesellschaften, Staaten und Umwelten.

Noch immer gilt quantitatives Wachstum in den westlichen Volkswirtschaften als Ziel. Ungehinderter Energie- und Rohstoffverbrauch sind die Konsequenzen. Sie stoßen an ihre Grenzen, wenn die Umwelt immer stärker belastet wird. Klimaveränderungen und Verknappung von Rohstoffen sind unverkennbar. Pessimisten prophezeien für die Zukunft eine globale Krise.

Quantitatives Wachstum stellt gleichzeitig stupides Wachstum dar. In den Gesellschaften des Westens verbrauchen die Menschen pro Kopf etwa das Siebzehnfache dessen, was der übrigen Menschheit zur Verfügung steht. Die Konsumtion von Erdöl wird dadurch erleichtert, dass Regierungen den Preis niedrig halten. Beispiel: Benzin ist in den Vereinigten Staaten viel billiger als in Europa.

Naturschäden gigantischen Umfangs sind zu beklagen. Beispiel: Klimakatastrophen. Menschlichkeit, moralische Werte und Gemeinwohl werden von Wirtschaft und Staat zu oft mit Füßen getreten. Zahlreiche Fischbestände in den Ozeanen sind entweder verschwunden oder dezimiert. Der ausbeuterische Mensch hat Wälder, Binnengewässer und Böden inzwischen heruntergewirtschaftet.

Profitgier im Früh-, Hoch- und Spätkapitalismus ist historische Realität. Kolonialismus, Imperialismus, Nationalsozialismus, Kommunismus in Verbindung mit Ideologien und Waffenproduktion hatten in der Vergangenheit Ausbeutung und verheerende Kriege zur Folge. Weltweit operierende Konzerne beherrschen Märkte und Preise. Die Konkurrenz wird durch Lohn-, Preisdumping und „feindliche Übernahme" ausgeschaltet. Konsequenz: Betriebssterben und Arbeitslosigkeit. Macht, Einfluss und Gewinn sind für einige Manager, fast ausschließlich Männer, vorherrschende Triebfeder des Handelns. Egoismus ist teils ins Maßlose gesteigert. Oben wird ausufernd verdient, unten Arbeitskräfte zu Tausenden vernichtet.

Egomanie, Götzendienst am Geld, am Spaß, an der Macht sind die gefühllosen Feinde der Herzenswärme. Im freien Welthandel gebärden sich zahlreiche Mitspieler, auch Eltern von Kindern, egomanisch. Sie rennen ihren Lustbedürfnissen selbstsüchtig nach. Für die entfesselten Übermächtigen gibt es keine ethischen Rücksichten. Auf dem globalen Marktplatz nehmen sie hemmungslos mit, was ihrer Befriedigung dient. Und sie spüren nicht, was ihnen verloren gegangen, was zugeschüttet ist: Mitempfinden für die Natur, das Lebendige, den Baum, das Klima, die Armut.

In Zukunft werden immer weniger Menschen den Wohlstand schaffen. Das können zum Beispiel Konzerne sein. Sie müssen begreifen, dass sie in Verantwortung gegenüber der Gesellschaft stehen. Sie dürfen nicht nur an ihr eigenes Wohlergehen denken, sondern sollten bereit sein zu teilen. Die Verhaltensweisen des ungehemmten Bereicherns müssten durch soziale und ethische Standards international gezähmt werden.

Die wenigsten Staaten der Erde sind hochentwickelte Industrieländer. Alle übrigen streben deren Wohlstandsniveau an. Auf dem Vormarsch sind vor allem die ostasiatischen Volkswirtschaften, wie China und Indien. Der Verbrauch von Rohstoffen und nicht erneuerbarer Energien wird trotz umweltfreundlicher Technologien zunehmen. Katastrophale Auswirkungen sind vorstellbar.

Der Wettbewerb mit Milliarden von Chinesen und Indern hat längst begonnen. Den alten Industrieländern bleibt nichts anderes übrig, als ihn aufzunehmen. Der Preiswettbewerb ist aufgrund der niedrigen Produktionskosten gegenwärtig nicht zu gewinnen. Auch über die Qualität wird der Wettkampf immer schwieriger.

Mehr Jobs im Bildungssystem bedeuten keine Belastung natürlicher Ressourcen. Wächst die Autoherstellung und damit die Stahlproduktion, nimmt der Energieverbrauch zu. Diese und andere Produktionsformen beschleunigen den Klimawandel. In welchen Sektoren ist Wachstum unbedenklich? Diese Frage lässt sich nicht so ohne Weiteres für alle Bereiche zufriedenstellend beantworten. Umweltstandards und Ökosteuern reichen nicht aus, um ungebremstes Wachstum sinnvoll zu steuern. Ein Konzept des Wirtschaftens wäre vernünftig, in dem der Mensch weniger daran interessiert ist, materielle Dinge anzuhäufen.

Die Integration der Weltwirtschaft, die Globalisierung, verstärkt die Konkurrenz, den Verbrauch von Rohstoffen, materielles Wachstum und Klimabelastungen. Es fehlen die Alternativen zum materiellen Wachstum. Nicht erneuerbare Ressourcen (Ölvorräte) dürfen nicht schneller verbraucht werden, als sich erneuerbare Alternativen (Sonnenenergie) entwickeln. Die Verschmutzung von Gewässern, Luft und Boden stößt an seine Grenzen, wenn diese sich nicht regenerieren können. Die Menschen müssen die langfristigen Konsequenzen ihres Tuns und Lassens begreifen. Mehr und gerechtere Umverteilung als heute ist notwendig. Das verlangt Verzichtfähigkeit, also Opfer der Wohlhabenderen zugunsten der Wohlstandsopfer.

Was wollen die Menschen im Grunde? Welches sind ihre elementaren Bedürfnisse? Nahrung, Wärme, Gesundheit, Achtung, Solidarität. Auch Unterhaltung. Solche Werte sind eher in der Bescheidenheit zu verwirklichen als im Überfluss.

Billigangebote, Preis- und Rabattschlachten auf den nationalen und internationalen Märkten forcieren Verschwendung, Überfluss und damit den unnötigen Verbrauch von Rohstoffen und Energie.

Laut UN-Bericht nahm die Armut in vielen Ländern zu. Neben verschiedenen Gründen liegt eine Hauptursache darin, dass die Industrieländer ihre Landwirtschaft jährlich in Höhe von etwa 300 Milliarden Euro subventionieren. Die Entwicklungs- und Schwellenländer erhalten so keine Chance, ihre Produkte für einen angemessenen Preis auf dem Weltmarkt zu verkaufen. Eigeninteresse der reichen Industrieländer steht vor Verzichtfähigkeit für die Armen. Ein gerechteres Handelssystem wäre die seit Langem versprochene Bringschuld.

Nach Berechnungen des Bundes der Steuerzahler verschwendet der deutsche Staat jährlich rund 30 Milliarden Euro. Würde stärker sozial gedacht und gehandelt, dürften Verschwendungen von Bund, Ländern und Gemeinden nicht dermaßen ausufern.

Bleiben die Daten stabil, so ist eine Trendwende festzustellen: Deutschland droht in den kommenden Jahren zunehmende Armut und wachsende Ungleichheit. Dies wird sich auf die Bildungschancen der Betroffenen auswirken. Arme Kinder plagen sich häufiger mit gesundheitlichen Problemen herum. Sie leben oft in beengten Wohnverhältnissen und vernachlässigten Stadtteilen. Sie sind bei der Sprachentwicklung im Hintertreffen und zeigen schlechtere Schulleistungen. Immer weniger Menschen zeigen sich mit der sozialen Absicherung zufrieden. Entsprechend geht die allgemeine Lebenszufriedenheit und damit das subjektive Wohlbefinden zurück. Den Deutschen geht es schon jetzt nicht mehr besser als vielen Europäern. Wegen der anhaltenden hohen Arbeitslosigkeit rutscht eine immer größer werdende Zahl in die Sozialhilfe. Besonders bei den unter 18-Jährigen ist ein starker Anstieg zu verzeichnen. Weit über eine Million sind auf Hilfe zum Lebensunterhalt angewiesen. Zwischen den einzelnen Bundesländern gibt es ein erstaunliches Gefälle. Die niedrigste Sozialhilfequote hat Bayern.

Die Fakten sind grob gerundet, um Trends und Tendenzen zu verdeutlichen.

In Deutschland leben derzeit rund 82 Millionen Menschen: 40 Millionen männlichen und 42 Millionen weiblichen Geschlechts. Davon sind 20 Millionen Personen (24 Prozent) über sechzig Jahre alt; 3,5 Millionen (4 Prozent) achtzig Jahre und älter. Mit zunehmendem Alter steigt der Anteil der

Frauen im Vergleich zu dem der Männer. Letztere sterben durchschnittlich sechs Jahre früher.

Bei den älteren Menschen überwiegt die Zahl der Frauen und damit ihr Einfluss auf die jüngere Generation. Verstärkend macht sich bemerkbar, dass sich ältere Frauen im Schnitt besserer Gesundheit erfreuen als ältere Männer.

Von den 38 Millionen Privathaushalten sind 14 Millionen Einpersonen- und 24 Millionen Mehrpersonenhaushalte. Einpersonenhaushalte haben weiter zugenommen, eine unnatürliche Entwicklung für den Menschen als sozialem Wesen. Die Single-Situation erhöht die Wahrscheinlichkeit psychosomatischer Störungen.

Von den insgesamt 22 Millionen Familien leben in 12 Millionen ledige und in 9 Millionen minderjährige Kinder. In den vergangenen zehn Jahren stieg die Scheidungsrate ständig an, was die Zahl der davon betroffenen minderjährigen Kinder erhöhte. Deren Situation wird noch dadurch erschwert, dass die Mütter berufstätig sind. In 12 Prozent aller Haushalte gibt es nur ein Elternteil.

Die Zahl der Geburten haben sich von etwa 1,3 Millionen (1960) auf rund 700 000 (2005) fast halbiert. Etwa 60 Prozent aller Frauen in Deutschland stehen im Berufsleben (30 Prozent 1950). In 65 Prozent aller Privathaushalte leben keine Kinder. Die Anzahl der Kinder bis zum 18. Lebensjahr beträgt rund 15 Millionen. Vor dreißig Jahren waren es 6 Millionen mehr. In Hamburg zum Beispiel werden nur noch 18 Prozent der Haushalte von Kindern bewohnt. Hierzulande leben derzeit 7 Millionen Ausländer. Das sind 9 Prozent der Gesamtbevölkerung. Sollte der Trend in den kommenden Jahren anhalten, wird die deutsche Bevölkerung weiter altern und erheblich schrumpfen.

Materieller Wohlstand von Kindern wird durch Großeltern

und Verwandte zusätzlich gefördert. Dies erschwert eine notwendige erzieherische Konsequenz durch die Eltern. Die Kaufkraft der 11 Millionen Mädchen und Jungen im Alter zwischen sechs und neunzehn Jahren beträgt etwa 20 Milliarden Euro. Innerhalb der letzten Jahre verringerte sich dieser Betrag stetig. Nimmt die deutsche Bevölkerung in der Zukunft weiter ab, was zu erwarten ist, setzen sich die Wertvorstellungen anderer Weltanschauungen und Kulturen stärker durch.

Die Berufstätigkeit von Müttern mit minderjährigen Kindern ist in der Vergangenheit ständig gestiegen. Etwa 64 Prozent der Mütter und 91 Prozent der Männer arbeiten. Unter der Voraussetzung flexiblerer Kinderbetreuungs- und Arbeitszeiten für Frauen wäre der Prozentsatz berufstätiger Mütter noch höher.

Dennoch darf nicht übersehen werden, dass zu viele Kinder sich allein überlassen sind. Nicht selten werden sie durch Medien „stillgehalten". In Wirklichkeit steigert sich ihr Bewegungs- und Aggressionspotenzial, weil körperliche Passivität Energiestaus verursacht.

In Deutschland werden zurzeit im Schnitt nur noch etwa 1,3 Kinder geboren. Erforderlich wären zwei, um die Bevölkerung einigermaßen beständig zu halten.

Etwa 50 Prozent der Akademikerinnen zwischen 30 und 35 Jahren sind hierzulande kinderlos und 60 Prozent der männlichen Hochschulabsolventen. Bei den 35- bis 40-Jährigen sind es 35 Prozent der Frauen und 40 Prozent der Männer. Bei den Hauptschulabsolventen liegt die Quote deutlich darunter. Rund 40 Prozent der Akademikerinnen bleiben kinderlos. Mit steigender Tendenz. Nur circa 8 Prozent hochqualifizierte Frauen zwischen 35 und 40 bekommen drei oder mehr Kinder. Kinderreichtum gilt als

Armutsrisiko. Solche Familien leben oftmals dicht am Sozialhilfeniveau.

Die Entscheidung gegen Kinder ist allein nicht davon abhängig, ob das Angebot an Betreuungsmöglichkeiten im lokalen Umfeld ungünstig ist. In zahlreichen Fällen spielt die Befürchtung der Doppelbelastung eine Rolle. **Nach wie vor leisten Frauen die Haushalts- und Fürsorgearbeit. Männer beteiligen sich nur minimal.**

Erziehungsurlaub steht seit 1986 Vätern wie Müttern offen. Dieses Angebot wird jedoch nur von rund 2 Prozent der Väter wahrgenommen. Die Neuregelung der „Elternzeit" gilt für alle, die ab 2001 ein Kind bekommen haben. Anders als beim Erziehungsurlaub können seitdem Väter und Mütter gemeinsam eine Auszeit im Beruf nehmen. Seitdem hat der Anteil der Väter, die sich zulasten ihres Berufes gleichsam am Wickeltisch engagieren, zugenommen. Ihr Anteil liegt bei etwa 5 Prozent. Wunsch und Wirklichkeit klaffen dennoch nach wie vor extrem auseinander: Väter am Wickeltisch bleiben die seltene Ausnahme.

In einer Gesellschaft, die vorrangig vom Konsum, von der Individualisierung und der Mobilität bestimmt wird, bleibt für Kinder wenig Raum. Denn: Kinder stehlen Zeit und Geld für Karriere, Hobbys, Sport und Reisen. Fast die Hälfte der Kinderlosen scheuen die Kosten. Genauso viele fühlen sich den Anforderungen als Eltern nicht gewachsen. Weitere Motive spielen eine Rolle: Es fehlt der geeignete Partner, oder es bestehen Zweifel an der Stabilität einer Beziehung.

Bei den Beweggründen für oder gegen Kinder ist die Überlegung entscheidend, ob Frauen nach der Geburt den beruflichen Anschluss verpassen oder nicht und in welchem Maße sich der Partner an den notwendigen Arbeiten beteiligt.

Diejenigen Frauen, die sich nach langem Zögern dann doch für ein Kind entscheiden, tun dies oft widerwillig. In den täglichen Belastungssituationen wird oft deutlich, dass da, wo Bedürfnisverzicht im Interesse des Kindes angesagt wäre, die „moderne Mutter" egozentrisch handelt oder das Kind unter einer verwirrenden Erziehungsunsicherheit leidet.

Männer nehmen aus folgenden Gründen Abstand zu eigenen Kindern: Unterhaltsverpflichtungen nach der Trennung, Sorge um neue Alltagsbelastungen, Unruhe und Konflikte, die mit dem Aufwachsen von Kindern verbunden sind. Letztlich bedeuten Kinder Verzicht: auf Karriere, Bedürfnisbefriedigung, Konsum, Urlaub, Freizeit, Wohlstand.

In Frankreich sieht das Bild ein wenig anders aus. Professionelle Kinderfrauen und Ganztagsschulen stehen in höherem Maße zur Verfügung als in Deutschland. Bei den Französinnen steigt der Kinderwunsch trotz Bildung und gehobener Berufsposition.

Die traditionelle Eheethik wurde relativiert oder abgelöst durch das Modell der Partnerschaft. In Gesprächen fällt immer häufiger der Begriff „Lebensabschnittspartner(in). Sexualität hat eine andere Bedeutung als früher. Im Vordergrund steht heute das Gefühlsleben, die Intimität. Die Partner sind nicht mehr so sehr ökonomisch aneinander gebunden wie in der Agrargesellschaft. Bauer und Bäuerin waren durch die gemeinsame Bewirtschaftung von Grund und Boden voneinander abhängig. In der klassischen bürgerlichen Ehe bestand eine radikale Arbeitsteilung zwischen Mann und Frau. Letztere, meist ohne Beruf, war für Haushalt und Kinder zuständig. Den materiellen Unterhalt für die Familie verdiente der Mann. Im Falle einer Scheidung stand die Partnerin meist mittellos dar. Entsprechend kamen Scheidungen seltener vor.

Gegenwärtig bleiben Paare nicht einmal unbedingt wegen der Kinder zusammen, wenn die emotionale Nahwelt verloren geht. Ein wichtiger Bestandteil der Mann-Frau-Beziehung ist die Sexualität. Diese bindet. Treten Störungen ein und die Attraktivität schwindet, sucht man sich einen neuen Sexualpartner. Das Lustprinzip in einer Beziehung hat einen höheren Stellenwert als in der Vergangenheit.

In den Industriestaaten beobachten Wissenschaftler seit Jahrzehnten zunehmende Fruchtbarkeitsstörungen bei Männern und Frauen. Belastende Lebensbedingungen stellen die Hauptursachen dar: z. B. Umweltgifte in den Nahrungsketten.

Ein entgegengesetzter Trend zu Deutschland (Europa) ist weltweit festzustellen: Der augenblickliche Stand der Erdbevölkerung von 6,8 Milliarden wird sich in den nächsten Jahrzehnten deutlich erhöhen.

Von den Frauen, die im Jahre 1940 und danach geboren wurden, blieben nur etwa elf Prozent kinderlos. Heute liegt der Prozentwert auffallend höher. Die Zahl der Spätgebärenden wuchs in den letzten zwanzig Jahren von 1,3 auf rund 22 Prozent. Die große Zahl der Frauen ohne Kinder ist der Grund für die niedrige Geburtenrate. Der Anteil der Frauen mit zwei Kindern liegt etwa bei einem Drittel. In den meisten anderen Industrieländern werden mehr Kinder geboren. In Griechenland, Italien und Spanien liegt die durchschnittliche Geburtenrate teils noch niedriger.

Warum die Geburtenrate in Deutschland sinkt, hat auch etwas mit der Steuer- und Abgabenpolitik der letzten dreißig Jahre zu tun, die eindeutig zulasten der Haushalte mit Kindern ging. Heute ist jedes sechste Kind von der Sozialhilfe abhängig, 1965 war es nur jedes fünfundsiebzigste Kind. Eindeutig kinderfeindlich. Die Wohnfläche pro Einwohner beträgt inzwischen 50 Quadratmeter. Einerseits verfügt ein großer Anteil der Kinder über zwei Zimmer, wovon das eine mit derart viel Spielzeug überfüllt ist, dass man nicht darin spielen kann. In vielen Familien müssen sich anderseits drei oder vier Kinder ein Zimmer teilen.

Das Durchschnittsalter der Erstgebärenden hat sich von fünfundzwanzig Jahren in 1961 heute auf über neunundzwanzig erhöht. Noch nie war die Zahl der Geburten so niedrig und gleichzeitig die Vorbereitung und der medizinische Aufwand so hoch. 98 Prozent der Kinder kommen in einer Klinik zur Welt. Etwa 70 Prozent der Schwangeren werden einer Risikogruppe zugeordnet. Frauen lassen sich immer früher in ein Krankenhaus einweisen und medizinisch betreuen. Ungefähr jede vierte Geburt wird frühzeitig mit Hormonen eingeleitet, jede zweite mit Wehenmitteln oder Darmschnitt künstlich beschleunigt. 20 Prozent der Schwangeren gebären mit Rückenmarksbetäubung. Etwas höher liegt die Zahl der Kaiserschnittgeburten. Die Quote ist seit 1991 kontinuierlich gestiegen, wobei die Ursachen in zunehmendem Sicherheitsdenken der Ärzte zu suchen sind. Eine Kaiserschnittgeburt lohnt sich für ein Krankenhaus finanziell eher als eine vaginale Geburt. Die Ängstlichkeiten der Frauen vor den Wehen und der Geburt haben sich vergrößert. Hinzu kommt, dass der Anteil der Spätgebärenden gestiegen ist, und somit das Risiko.

Es ist zu erwarten, dass künftig mehr als jede dritte Ehe geschieden wird. Im Zehnjahresvergleich kletterte die Zahl um rund 50 Prozent. Die meisten Ehepaare waren bei ihrer Scheidung fünf Jahre verheiratet. Kinder stellen inzwischen kein allzu großes Trennungshindernis mehr dar. Nahezu jede zweite der geschiedenen Ehen hatte minderjährige Kinder. Die Anzahl der Scheidungskinder bleibt nicht ohne Wirkung auf deren Ehe. Scheidungskinder können schlechter mit Beziehungen umgehen. Dadurch steigt die Zahl der zukünftigen Trennungen. Die Fähigkeit, längerfristige Bindungen einzugehen, nimmt in unserer Gesellschaft insgesamt ab. Ein Wechsel gilt als befriedigend und anregend. Paare haben mit immer stärkeren Belastungen von außen zu tun, zum Beispiel Schwierigkeiten bei der Vereinbarkeit von Familie und Beruf, soziale Probleme, wie Stress oder Angst um den Arbeitsplatz. Kommunikationsstörungen zwischen den Partnern wirken sich nachteilig auf die Kinder aus.

Die Zahl alleinstehender Mütter ohne Zusammenhalt in einem Familienverband nimmt zu. Beides, die Ängste während der Schwangerschaft und die Ungeborgenheit ohne Familienzusammenhalt, bleibt auf Embryo und Säugling nicht ohne gravierende Wirkung.

Die Vereinzelung von Müttern zieht unweigerlich psychische Beschädigungen nach sich. Denn der Mensch, gemäß seiner stammesgeschichtlichen Herkunft „Gruppensäugetier", erreicht keine Stabilität in unnatürlicher Familienreduzierung. Untersuchungen bestätigen Beobachtungen, wonach psychosomatische Erkrankungen bei Müttern stark zugenommen haben und weiterhin zunehmen werden. Genauere Zahlen liegen derzeit nicht vor.

Gesichert ist: Etwa jeder vierte Europäer leidet unter psychischen Störungen. Am häufigsten treten Ängste und Depressionen auf. Dies bleibt bei der Erziehung nicht ohne Einfluss auf die junge Generation.

Die Kriminalität hat sich in den westlichen Gesellschaften in den letzten drei Jahrzehnten mehr als verdoppelt. Insofern sind wachsende Angstgefühle realistisch und berechtigt. Das Vertrauen in Politik, Politiker, Manager, Idole und dergleichen ist zunehmend erodiert. Zusätzlich haben dreiste

Werbelügen das Misstrauen bei jungen Menschen immer größer werden lassen. Insofern leben die Heranwachsenden in einer vorbildeinsamen Gesellschaft.

Verkauf, Kauf, Konsum ziehen sie in den Bann. Haben und Mehrhaben befriedigen allerdings nur kurzzeitig. Neue Reize stimulieren. Ein erneutes Streben nach Befriedigung beginnt. Bedürfnisbefriedigung schützt vor Maßlosigkeit nicht. Interessenrealisierung und Tricks siegen vor Ehrlichkeit. Macht und Übermacht, Aggressivität und Gewalt im Alltag und in den Medien dominieren.

Viele junge Menschen erleben das gesellschaftliche Klima pessimistisch, blicken aber gleichzeitig hoffnungsvoll in die Zukunft und sind ausgeprägt harmoniebedürftig. Sie scheuen davor, Verantwortung zu übernehmen oder sich für andere zu engagieren. Unsicherheit im Alltag bewirkt dann das Streben nach Sicherheit und Verlässlichkeit. Nicht umsonst wohnen zahlreiche junge Menschen bis ins Erwachsenenalter im Elternhaus. Umfragen bestätigen: Das wichtigste Vorbild der Deutschen ist die eigene Mutter, an zweiter Stelle folgt Mutter Teresa und an dritter – der eigene Vater. Die eigene Mutter prägt wie niemand sonst: durch Langzeitwirkung, Verlässlichkeit und Fürsorglichkeit. Fast alle Jugendlichen haben zu ihrer Mutter ein sehr gutes bis gutes Verhältnis.

Dies sind die Umweltbedingungen, in denen Menschen, Frauen und Männer, Mädchen und Jungen, leben oder noch hineingeboren werden. Es hat sich bei einer großen Zahl Erwachsener und Kindern eine enorme Anspruchs- und Verwöhnungshaltung mit den entsprechenden Folgen entwickelt: geringe oder keine Anstrengungsbereitschaft, fehlender Ehrgeiz, schwache Motivation bis hin zur Verweichlichung. Solche Haltungen fallen beim männlichen

Heranwachsenden deutlich stärker ins Auge als beim weiblichen. Andererseits gibt es einen hohen Anteil junger Menschen, der das genaue Gegenteil darstellt. Sie sind durchaus strebsam und leistungsorientiert. In den asiatischen und osteuropäischen Ländern sieht man bei der jungen Generation, die männliche eingeschlossen, eine ganz andere Mentalität. Hier herrscht der unbedingte Wille, der Biss, nach oben zu kommen.

Die Hauptgründe für zunehmende erzieherische Unsicherheiten liegen in der moralischen Orientierungslosigkeit der Überflussgesellschaften: Wohlstand verführt fortwährend zur Triebhaftigkeit. Einfühlungsvermögen, Menschlichkeit und Solidarität treten in den Hintergrund. Missachtet werden Natur, Umwelt, Dinge und Menschen. Die Stärke der Triebe: Nahrung, Sexualität, Macht, Aggressivität, Bewegung und Neugier – einzeln und als Triebgemisch – beherrschen Verstand, Vernunft und Moral. Verführungsreize und Lustverhalten setzen sich durch. Hemmschwellen sinken. Materialismus: Verkauf, Kauf, Konsum und Korruption ziehen in den Bann. Haben und Mehrhaben befriedigen nur kurzzeitig. Neue Reize stimulieren. Ein erneutes Streben nach Befriedigung beginnt. Bedürfnisbefriedigung schützt vor Maßlosigkeit nicht. Interessenrealisierung und Tricks siegen vor Ehrlichkeit. Misstrauen breitet sich aus. Moral hält eine Gesellschaft zusammen, Unmoral radikalisiert sie.

2. Fehlsteuerungen in der Wohlstandsgesellschaft

These: Eine zu große Zahl der Heranwachsenden ist und wird Opfer des Konsums. Das Wissen und Einfühlungsvermögen über natürlichen und angemessenen Umgang mit Kindern ist vielen verloren gegangen.

Im Jahre 2004 wurden 211 172 Gewaltdelikte registriert, 1993 waren es 160 680. Das ist ein Anstieg von 3,5 Prozent. Insgesamt erfasste die Polizei rund 6,63 Millionen Fälle: geringfügig mehr als im Vorjahr. Die Aufklärungsquote stieg 2004 auf 54,2 Prozent an und damit auf den höchsten Wert seit Erstellung der Kriminalstatistik.

Bei Raufereien an Schulen, um einen Teilbereich zu nennen, werden jeden Tag etwa 250 Schüler so stark verletzt, dass ein Arzt hinzugezogen werden muss. Dennoch haben seit 1993 die gewalttätigen Auseinandersetzungen an Schulen abgenommen. 2003 wurden bundesweit 93 295 Verletzungen bei Schlägereien verzeichnet. Die Zahl dieser Unfälle betrug je 1 000 Schüler 11,3 (1993: 15,5). An den Hauptschulen sank die Unfallrate von 48,6 (1993) auf 32,8 (2003). Hier gibt es bei Raufereien weiterhin deutlich mehr Verletzungen als an anderen Schulen. Mit 5,7 je 1 000 Schüler wiesen die Gymnasien die geringste Raufunfallrate auf. Zur Geschlechterdifferenz: Die Unfallrate der Jungen lag doppelt so hoch wie die der Mädchen. Am höchsten war die Rate bei der Altersgruppe der 11- bis 15-jährigen Jungen. Ausländische Schüler waren an Gewalthandlungen nicht stärker beteiligt als deutsche.

Was seit vielen Jahren besonders ins Auge fällt: Die Bereitschaft zur Aggression und Gewalt, nicht die Anzahl der Delikte, hat dramatisch zugenommen. Und dies nicht nur bei Jungen. Die Hemmschwellen sind auch bei Mädchen gesunken. Außerdem ist ein deutlicher Anstieg psychischer Auffälligkeiten bei Kindergarten- und Schulkindern zu registrieren.

Die Zahl der Morde und Autodiebstähle ist in Deutschland drastisch abgefallen. Dennoch nimmt die Furcht der Deutschen vor der Kriminalität zu. Die Zahl der Sexualmorde ist zwischen 1993 und 2003 um 37,5 Prozent gesunken, die der Morde um 40,8 Prozent und die der Autodiebstähle um 70,5 Prozent. Nach Meinung der Bevölkerung dagegen hat die Zahl der Sexualmorde um 260 Prozent, die der Morde um 27 Prozent zugelegt. Entscheidend für diese Fehleinschätzung ist die Zunahme der Privatsender, und damit die drastische Steigerung kriminalhaltiger Nachrichten und Sendungen. Spektakuläres erhöht die Aufmerksamkeit und die Einschaltquoten. Eine entsprechende Wirkung auf Kinder und Jugendliche bleibt nicht aus.

Ich habe über Jahrzehnte mit jungen Menschen gearbeitet. Ein geringer Anlass wird zum Auslöser der instinktiven Reaktion. Als ob man nicht einmal eine banale Frustration aushalten könnte! Der Aggressor sucht sich gezielt oder ziellos ein Aggressionsobjekt, um seinen motorischen, emotionalen Energiestau abzureagieren. Er schlägt oder tritt blitzartig zu. Das Opfer stöhnt, schreit vor Schmerz. Liegt es am Boden, krümmt sich, tritt der Peiniger nochmals nach. Ohne Mitgefühl für das Opfer. Als gäbe es keine Hemmung, keine innere kontrollierende Blockade. Die vor allem männlichen Täter werden immer jünger.

Kinderzimmer sind überfüllt mit Wohlstandsgütern. Nicht

wenige von ihnen verfügen im Elternhaus über drei Räume, die sie ihr Eigen nennen. Viele davon darf man mit ruhigem Gewissen als „Chaoszimmer" bezeichnen, denn sie sind regelrecht vermüllt. Durch ungebremsten Medienkonsum rutschen immer mehr, vor allem Kinder und Jugendliche männlichen Geschlechts, in die Medienverwahrlosung. Ungezügeltes Essen endet bei zu vielen Heranwachsenden in unförmiger Leibesfülle. Passivität und Bequemlichkeitshaltungen sind gerade bei Jungen erschreckend angestiegen. Aktivitäts- und Aggressionsstaus entstehen durch mangelnde körperliche Abreaktion. Energieabfuhr durch entsprechende Tätigkeiten fehlt weitgehend. Zu konstatieren ist: eine zunehmende Zahl von Leistungsverweigerern, Leistungsversagern, Schulschwänzern oder Schulabbrechern. Jeder vierte Schüler in Deutschland erhält bezahlten Nachhilfeunterricht. Spitzengruppe bilden die Gymnasiasten. Immer mehr junge Menschen weisen Defizite in den Grundkenntnissen auf. Sie sind damit nicht ausbildungsfähig. Erziehungsunsicherheiten wachsen. Eltern-Säuglings-Sprechstunden werden vermehrt in Anspruch genommen. Hunderttausende suchen inzwischen Erziehungsberatungsstellen auf. Anbieter sind Schulen, Kommunen, Kirchen, Sozialverbände. Elterntreffs stehen hoch im Kurs. Die Nachfrage nach Erziehungsführerscheinen nimmt zu. Der Verlust an Autorität lässt so manchen Beobachter den Kopf schütteln. Inzwischen finden die Köpfe der Nachdenklichen keine Ruhe mehr. Die „Herren des Hauses" sind oft Kinder und nicht die Eltern. Leider.

Es gibt Regionen im Gehirn, die für Lust- und Unlustempfindungen zuständig sind. Neurohormone und Neurotransmitter sorgen für Beginn und Ende solcher Empfindungen. Der Mensch meidet Situationen, die ihm unangenehm sind, und sucht solche auf, die Wohlbefinden bewirken. Warum soll er nicht das Angenehme, das Bequeme wählen, wenn er dadurch dem Unbequemen ausweichen kann! Man lässt sich eben gern verführen, wenn Chancen es zulassen. Früh lernt ein Kind, welche Betätigungen lustvoll sind. Prompt wird es durch die entsprechenden Gefühle belohnt. In einem Umfeld voll Überfluss neigt man zu Übertreibungen. Gier kennt nur Befriedigung von kurzer Dauer. Das Luststreben beginnt aufs Neue. Unter Mangelbedingungen erledigt sich das Problem von selbst. Das ist das Schwierige in der Erziehung: Übertreibungen so zu lenken, dass die Nachteile nicht zu groß werden.

Die komplexe Wechselwirkung von Reifungs- und Lernprozessen bezeichnet man als Sozialisation. Das Ergebnis ist die Lerngeschichte eines Menschen. Im Entwicklungsprozess gehört ein Individuum unterschiedlichen sozialen Systemen und Umwelten an: Familie, Kindergarten, Schule, Freizeit, Beruf usw. Die Bezugsgruppen richten Erwartungen an das Verhalten einer Person. Sie beeinflussen, wie das Verhalten geäußert werden muss: wie oft, wie lange, wie intensiv. Selbst innerhalb des Bezugsrahmens einer Familie können die Erwartungen der Mutter andere sein als die der Betreuungsperson. Die Aufsichtsperson möchte, dass das Kind den Teller leer isst, die Mutter legt keinen Wert darauf. Der Vater erwartet, dass das Kind mit Spielmaterialien sorgsam umgeht, die Mutter ist da großzügiger. Unterschiedliche Erwartungen verursachen im Erziehungsprozess Reibungen und Konflikte. Besser für das Kind sind abgesprochene Regelungen, als dass das Kind häufig gegensätzlichen Erwartungen ausgesetzt wird. Oder in späteren Jahren: Zu Hause wird auf Ordnung geachtet, in der Gruppe Chaos vorgelebt. Wann der Toleranzbereich über- und wann unterschritten wird, hängt von den Menschen ab, die Erwartungen stellen, und davon, an wem sich ein Kind orientiert.

Soziale Aufmerksamkeit und Anerkennung sind angeborene Bedürfnisse. Ein Schüler mit starkem Bedürfnis findet Aufmerksamkeit und Anerkennung beispielsweise in einer Gruppe, in der er den Ton angibt, und die Beteiligten folgen seiner Richtung. Die Unterordnungsbereitschaft der Gruppenmitglieder wirkt wie eine Belohnung, wie eine Verstärkung seines Verhaltens. Sein Bedürfnis nach Anerkennung erfährt eine positive Antwort, eine positive Konsequenz. Sie hören auf seine Anweisungen und Befehle und führen sie aus. Die gehorsame Ausführung bestärkt den Gruppenführer in der Bereitschaft, Befehle zu erteilen. Das gehorsambereite Verhalten der Befehlsempfänger gibt ihm das lustvolle Gefühl der Macht.

Jungen zeigen schon im Kindergartenalter Verhaltensweisen, durch die sie die Aufmerksamkeit des Umfeldes auf sich lenken. Sie imponieren. Dazu zählen körperliche Fähigkeiten wie Laufschnelligkeit und Körperkraft. Oder sie demonstrieren ihr großes, tolles Spielauto oder ihre Spielpistole. Hinschauen und Staunen erlebt der Imponierer als angenehm. Es bekräftigt sein Verhalten. Zu den sozialen Verstärkern zählen: Aufmerksamkeit, Zuwendung, Lob, Lächeln, Nicken, Aufmuntern und dergleichen. Als Verstärker wirken solche, die die Person im Inneren erlebt: Lern- und Arbeitsfreude, Spaß an der Bewegung usw. Beliebte Tätigkeiten von Kindern sind beispielsweise: Spielen, Malen, Vorlesen etc. Zu den materiellen Verstärkern gehören: Nahrungsmittel und Gegenstände von Interesse. Eltern bedienen sich vielfach des Taschengeldes, um durch Ansporn bestimmte Verhaltensänderungen zu erreichen. Nach der Geburt beginnt die Ernährung des Säuglings durch eine Betreuungsperson (Mutter, Vater, Bezugsperson): entweder durch die Brust oder die Flasche. Hunger und Durst verursachen Spannungen. Er schreit, damit sein natürliches Bedürfnis befriedigt wird. Die Flüssignahrung Milch stellt die Belohnung dar, die auf das Schreien folgt. Dieser Vorgang wiederholt sich über Monate mehrmals täglich. So entsteht eine enge Verbindung zwischen der sprachlichen Äußerung und der Triebbefriedigung des Trinkens. Das Kind hatte also mit seinen Lautäußerungen Erfolg. Belohnung und Erfolg bestärken einen Menschen darin, das Verhalten – hier des Schreiens – zu äußern. Während der Nahrungsaufnahme ist der Kontakt zur Mutter oder Betreuungsperson besonders eng. Das Kleinkind nimmt die Mutter mit allen Sinnen wahr: über Haut- und Körperkontakt, Geruch, Hören und Sehen. Das Baby „schmeckt" gleichsam die Mutter, und zwar in jeder Beziehung. Die Verinnerlichung der Nahrung, das Halten, Wiegen und Liebkosen bewirken ein Gefühl der Geborgenheit und Sicherheit.

Wahrnehmung (S1), Nahrungsaufnahme (S2) und Kontakt (S3) sind die wesentlichen Signalreize (S), denen das Kind über lange Zeit ausgesetzt ist. Die fortwährende Wiederholung hat zur Folge, dass das Kleinkind beim bloßen Anblick der Betreuungsperson freundliche Zuwendung, Nahrung und Berührung erwartet. Das optische Wahrnehmen der Mutter reicht schon aus, um dem Kind das Gefühl der Sicherheit und Geborgenheit zu vermitteln, ohne dass sie Brust oder Flasche hingibt oder es hätschelt.

Es bildet sich eine Verknüpfung, eine Assoziation, zwischen den Signalreizen. In den folgenden Monaten wird das Kleinkind Geborgenheit empfinden und sich dabei vorstellen, von der Mutter gefüttert oder geherzt zu werden. Also:

Diese Vorstellung entsteht, ohne dass das Kind materielle oder emotionale Zuwendung erfährt.

Nach Monaten der Entwicklung wird das Kleinkind nicht nur durch flüssige, sondern auch durch feste Nahrung belohnt. Schließlich gelingt es ihm mehr und mehr, selbstständig mit dem Löffel Nahrung aufzunehmen. Anfangs führt die Bezugsperson noch das Händchen, später löffelt es unabhängig. Dabei kommt es vor, dass das Kind die Nahrung verweigert, den Kopf zur Seite dreht oder sie ausspuckt. In diesen Fällen kann die Ernährung konfliktreich werden. Quengeln, Schreien, Abwehrreaktionen in verschiedenen Formen können so weit führen, dass die Mutter das nächste Mal diesen Stress vermeiden will. Sie beginnt nachzugeben, und das Kind bekommt immer häufiger Nahrungsalternativen, also das, was es annimmt, was es will. Der Durchsetzungserfolg wirkt wie eine Belohnung. In zukünftigen Situationen wird das Kind versuchen, sich gleich oder ähnlich zu verhalten. Was ihm nicht schmeckt, wehrt es ab, um eine andere Kost zu bekommen. Oftmals ist es auch damit nicht zufrieden. Die Spannungen können sich so hochschaukeln, dass das Kind vorerst jedes Angebot ablehnt und Mütter keinen Ausweg wissen. Die Anzahl der unsicheren und ungeübten Mütter hat immer mehr zugenommen. Sie suchen schließlich Sprechstunden auf. Ausweglose Konflikte zwischen Mutter und Kind bleiben nicht ohne Folgen.

Kleine Jungen reagieren durchschnittlich ungeduldiger, unruhiger, quengeliger, wehleidiger, aggressiver als kleine Mädchen. Sie sind häufiger labil, einschneidender krank, sobald sie laufen, sowie öfter von Unfällen betroffen. Notwendigerweise weckt das bei Müttern Mitleid und starke Anteilnahme. So wächst die Bereitschaft zur Zuwendung, Pflege und Fürsorge. Oftmals übertrieben. Zusätzlich festigt sich die Bindung zwischen Mutter und Bübchen. Gleichzeitig erhöht sich die Bereitschaft der Mutter in Situationen nachzugeben, wo sie erzieherische Konsequenz und Härte zeigen müsste. Ein Junge spürt schon früh, wie man die Mama für eigene Bedürfnisse einspannen kann.

Ich habe Mütter beobachten können, die ihr Söhnchen in einem Alter bemuttert haben, wo Selbstständigkeit nicht nur möglich, sondern längst überfällig gewesen wäre. Ein Junge war oftmals zu bequem, sich zu duschen. Mutter tat es ganzkörperlich. Oder: Ein Sohn ließ sich mit zwanzig Jahren noch die Fingernägel schneiden. Ein solches Verzärteln gegenüber Mädchen durch Mütter wird selten oder nie praktiziert. Was mir auch häufig zu Gesicht gekommen ist: Jungen werfen aus guter oder schlechter Laune Spielsachen durch die Wohnung – und die Mutter lacht dazu. Schlimmer noch: Ich sah einen Jungen, der nicht in den Kindergarten wollte, der seine Mutter versuchte zu schlagen, dann trat. Eine strafende Reaktion blieb aus. Ein Verhalten, das neutral bleibt, wirkt ermutigend. Das heißt: Es wiederholt sich, wenn nicht rechzeitig ein „Riegel" vorgeschoben wird. Bei Schülern in der Grundschule und über die Pubertät hinaus haben folgende Verhaltensweisen augenfällig zugenommen: ständiges Aufspringen und Herumrennen während des Unterrichts zu einem Zeitpunkt, wo Ruhe und Konzentration erforderlich wären. Das hat nachteilige Auswirkungen auf Lernklima und Leistungen.

Je größer die Aggressionsbereitschaft und je nachgiebiger Erwachsene darauf antworten, verbal oder körpersprachlich, desto höher steigt die Erfolgsquote des abweichenden Verhaltens. Kinder sind sehr früh fähig, aus der Mimik und Gestik der Mutter (der Kindergärtnerin, der Lehrerin) zu erkennen, wie weit sie „gehen" können. Soll heißen: welche Verhaltensweisen erlaubt sind und welche unterbleiben sollen.

Besonders problematisch wird dies, wenn sich ein Kind in den folgenden Jahren stets mit seinen Wünschen in Bezug auf Nahrung, Kleidung, Spielmaterialien, usw. durchsetzt. Mit zunehmendem Alter füllt sich ein Kinderzimmer mit verschiedenen elektronischen Geräten. Bei den 6- bis 13-Jährigen (2005) verfügen etwa die Hälfte der Heranwachsenden über Kassettenrekorder, Radio/Stereoanlage, Gameboy, Walkman/Discman. Es folgen: CD-Player, Fernsehgerät, Spielkonsole, Handy, Computer, Videorekorder, Discrekorder, DVD-Player, Internetanschluss und dergleichen.

Die vielfältigen lustbetonten Ablenkungen führen zur Vernachlässigung von häuslichen Pflichten und schulischen Anforderungen. Lesen kommt zu kurz. Hausaufgaben werden auf die Schnelle oberflächlich erledigt. Vor Tests wird nicht geübt. Folge: Leistungen und Noten verschlechtern sich. Außerdem lenken Medientätigkeiten von notwendigen motorischen und sonstigen geistigen Aktivitäten ab. Der Junge entwickelt sich anfangs zum bequemen, dann zum faulen und schließlich zum medienverwahrlosten Stubenhocker. Die Mutter sieht ein, dass es so nicht weitergehen kann. Sie versucht, die Extremverhaltensweisen „zurückzuschrauben". Dazu bedient sie sich der Methode des Liebesentzugs. Sie ermahnt und droht, erst ein Gerät, dann weitere wegzunehmen. Sie erteilt Hausarrest, erlebt aber, dass ihr Sohn, wenn unbeaufsichtigt, das Verbot missachtet. Der Ärger steigert sich zur Unerträglichkeit. Jeder neue Ansatz scheitert. Die Mediensucht ist schon zu weit fortgeschritten. Das Nahrungsmittelangebot in den Familien hat zur Folge: Kinder essen meist zu viel, inhaltlich das Falsche und zu oft. Als Kindergarten- und Schulkinder bedienen sie sich meist selbst. Eine zunehmende Zahl von Müttern verzichtet immer häufiger auf geregelte Mahlzeiten. Berufstätigkeit erhöht diesen Trend. Das Zugreifen und Verinnerlichen zu jedem beliebigen Zeitpunkt ist nichts anderes als eine Selbstbelohnung. Erfährt das Kind innerhalb oder außerhalb der Familie Misserfolge, glaubt es, sich durch Essen oder Trinken als Ersatzbefriedigung beruhigen zu müssen. Selbstbelohnung durch Selbstbedienung erhöht die Wahrscheinlichkeit, sich in nachfolgenden Situationen ähnlich oder gleich zu verhalten. Das riesige Warenangebot mit seinen unendlich vielen Signalreizen durch Werbung und durch das Produkt selbst steigern die Möglichkeit zusätzlich. In den wohlhabenden Einkindfamilien sowieso. Sich selbst Wünsche zu realisieren, gelingt dem Nachwuchs immer dann am besten, wenn Mutter und Vater gewähren lassen oder abwesend sind.

Das übermäßige Nahrungsmittelangebot in Verbindung mit körperlicher Passivität hat Übergewicht zur Folge. Soll heißen: Mutter kauft nicht nur, was dem Kinde schmeckt, sondern: Das Kind beginnt, sich nach Lust und Laune zu bedienen. Es greift zu, während es vor dem Fernsehgerät oder bei den Hausaufgaben sitzt. Es belohnt sich bei jeder Gelegenheit selbst. Die Mittel stehen fortwährend griffbereit zur Auswahl. Von einem so jungen Menschen vernunftgesteuerte Selbstkontrolle zu erwarten, ist naiv.

Damit das Kind in Freizeit, Kindergarten und Schule in Gruppen Gleichaltriger integriert ist, lassen sich Mütter zu schnell erweichen, ihren Liebling mit Markenklamotten auszustatten.

Der Anteil der Vorschulkinder hat zugenommen, die von ihren Eltern oder Großeltern ein eigenes Fernsehgerät ins Zimmer gestellt bekommen. Ungefähr 50 Prozent der 10-jährigen Jungen besitzen bereits ein eigenes Gerät. Bei gleichaltrigen Mädchen liegt der Anteil deutlich niedriger. Dies wirkt sich nachgewiesenermaßen negativ auf Entwicklung und Schulleistungen aus. Neugier ist ein natürlicher Antrieb eines Heranwachsenden. Sie wird durch extremen Medienkonsum erst gar nicht mobilisiert, sondern unterdrückt oder abgetötet. Anfänglicher Ehrgeiz „schläft" ein. Daher macht ausufernde Medienbetätigung bequem. Mädchen sind auffallend weniger davon betroffen.

Häufiger Durchsetzungserfolg erhöht die Belohnungserwartung in bevorstehenden Situationen. Zusätzlich wirkt Belohnungserwartung triebsteigernd. Die Antriebsenergie, das Ziel zu erreichen, also erfolgreich zu sein, erhöht sich. Über Jahre erfahren Kinder, wie schnell sie in der Wunscherfüllung siegreich sind. Spüren sie nur einen Hauch von Misserfolg, ihr Wunsch könnte nicht erfüllt, ihr Bedürfnis nicht befriedigt werden, reagieren sie überreizt, widerspenstig, abwehrend, mit einem Wort: angriffsbereit. Misserfolge zu akzeptieren wurde nicht ausreichend gelernt. Daher die überschnelle Bereitschaft zu Abwehrhaltungen, Abwehrreaktionen und zum aggressiven Opponieren gegen Eltern, Betreuer, Lehrer usw.

Normüberschreitungen haben besonders bei Jungen in einem Maße zugenommen, dass vernünftiges Erziehen immer schwieriger geworden ist. Belohnungen von klein auf, emotionale und materielle, sind in einem Grad auf der Tagesordnung, dass Verwöhnungshaltungen fortwährend verstärkt werden. Ein Verhalten, das über lange Zeit oft prämiert wird, ist stabil, hält sich lange und ist gegenüber Löschung relativ resistent.

Aggressive Formen des Reagierens und Verhaltens sind

erfolgreicher als zurückhaltend gehemmte. So erfahren und erleben Heranwachsende ihre Umgebung. Die junge Generation äußert heutzutage aggressive Erregungen ungehemmter und rascher, Jungen wie Mädchen. Interessensdurchsetzung und erwünschtes Verhalten gelingen entsprechend leichter. Durch das warendominante Wirtschaften wurden religiöse und bürgerliche Normen relativiert. Beabsichtigte und blinde Zerstörungswut führen an allen „Ecken und Enden" regional und überregional zu Schädigungen. Gedanken an materielle oder psychische Folgen kommen erst gar nicht auf.

Unter Bedingungen der Armut wird zerstörerisches Verhalten frühzeitig härter sanktioniert. Den Erwachsenen bleibt nichts anderes übrig. Würde das Wenige noch ruiniert, nähme die Armut zu. Von dem Vielen, was heute in den Zimmern junger Menschen herumliegt, ja herumfliegt, kann einiges demoliert und weggeworfen werden: Es schadet niemandem. Der Anteil der Eltern und Erwachsenen, die schädigendes Verhalten akzeptieren, ist deutlich größer geworden, vor allem bei den finanziell Betuchten. Gewissenserziehung, mit Dingen sorgsam umzugehen, hat zunehmend an Bedeutung verloren. Die Beziehungen der Menschen leiden darunter. Autoritäten werden nicht mehr ausreichend respektiert, ob Eltern, Großeltern, Alte, weibliche und männliche Erzieher oder weibliche und männliche Chefs.

In einer kinderreichen Familie, hierzulande eine Seltenheit, ist die Wahrscheinlichkeit gering, dass das Bedürfnis nach Körperkontakt und Wunscherfüllung rasch befriedigt wird. Die Möglichkeit dazu erhöht sich in den Klein- und Kleinstfamilien mit nur einem Kind. Hier neigt die Bezugsperson zum schnelleren Nachgeben, als müsste sie mehreren Geschwistern gerecht werden. **Ist ein Kind besonders ener-giegeladen und die Mutter übermäßig fürsorglich, steigt die Rate des Durchsetzungserfolgs.**

Ein krasses Beispiel für Unselbstständigkeit als Folge von Verwöhnung konnte ich unlängst bei einem Studenten beobachten. Dieser, einundzwanzig Jahre alt, wohnt entfernt vom Elternhaus in einer Wohngemeinschaft. Wurde er morgens nicht von seiner Mutter geweckt, schlief er weiter und schwänzte die Veranstaltungen an der Universität.

Geringste Misserfolgserlebnisse einmal aushalten zu können, fällt einer immer größeren Zahl von Heranwachsenden schwer. Wut kocht hoch. Sofortige Entschlossenheit, dies nicht hinzunehmen, mündet in aggressivem Drohen. Eine Äußerungsform eines 8-jährigen Kindes zum Beispiel: Wenn ich meine Lieblingssendung nicht sehen darf, mache ich die Hausaufgaben gar nicht. Die kannst du dir dann abschminken! Die sprachliche Provokation wird zusätzlich durch entsprechende Drohgebärden unterstrichen.

Problemverhaltensweisen lassen sich mittels Bestrafungen kaum abbauen. Sie werden lediglich vorübergehend unterdrückt. Sinnvoller sind Engagements, die interessanter sind als eine Lieblingssendung. Schwierig. Ist das Kind begeisterter Radfahrer, könnte man sich als Elternteil aufraffen, gemeinsame Fahrradausflüge mit dem Kind zu unternehmen. Oder: Wenn du zuerst deine Hausaufgaben anfertigst, darf Jens später kommen. Realistischerweise muss man einräumen, dass man nicht immer eine motivierendere Alternative anbieten kann. Oft fehlt die Fantasie. Ablenkungen, die verführen, sind so zahlreich und intensiv, dass man junge Menschen davor nicht abschirmen kann. Siehe die Einflüsse durch Medien, Konsum, Gleichaltrige usw. Jungen bilden schon in frühen Lebensphasen Rangordnungen. Ein Bandenführer mit sozial schädigenden Verhaltensweisen beeinflusst die übrigen Mitglieder der Gruppe negativ. Die Normen der Gruppe wirken meist stärker auf das Verhalten eines Heranwachsenden als das Vorbild Erwachsener. Im Freizeitbereich sind Eltern und Lehrer meist machtlos, abweichendes Verhalten positiv zu verändern. Größe, Aussehen, Durchsetzungsvermögen, Körperkraft stellen Eigenschaften dar, die einen Jungen in früheren Zeiten zu einem Bandenführer werden ließen. Heutzutage wird einer schon Gruppenchef, wenn er durch Statussymbole des Konsums imponiert.

Wichtig für Eltern ist daher, das Kind bei allen Schwierigkeiten und Problemen von klein auf stets gesprächsbereit in sinnvoller Weise zu begleiten. Die Basis ist Vertrauen. Falsch wäre ein zu frühes und weitgehendes Ausklinken aus dem Erziehungsprozess mittels der Rechtfertigung: Sie oder er müssen selbstständig werden. Die Negativreize im heutigen Umfeld verbieten dies. Die passende Vorgehensweise ist abhängig von der Individualität des Einzelnen. Jedenfalls: Die Erfolgswahrscheinlichkeit im Erziehungsprozess lässt sich dadurch erhöhen, dass man sich ausdauernd bemüht, zuerst das Positive im Verhalten von Kindern und Jugendlichen zu sehen, um es dann durch Lob oder andere positive Verstärker zu belohnen. Ein angemessener Umgang mit Kindern von Geburt an reduziert Fehlentwicklungen und erhöht die Wahrscheinlichkeit von Erziehungserfolgen.

Die folgenden Ergebnisse basieren auf fachübergreifender Forschung und sind durch eigene Erfahrungen erprobt:

Eine stets freundliche Zuwendung gegenüber dem Neugeborenen stärkt sein Selbstvertrauen. Häufiger Konfliktstress zwischen den Eltern oder Bezugspersonen sollte tunlichst vermieden werden, um Nachteile für die Entwicklung abzuwenden. Der regelmäßige Umgang verlangt besondere

Aufmerksamkeit, um Gefahren und deren Folgen rechzeitig zu verhindern.

Beginnt das Kleinkind zu krabbeln, zu laufen, alles anzufassen, in den Mund zu nehmen, muss sein Bewegungsradius zeitweilig eingegrenzt werden. Da die primären Bezugspersonen möglicherweise gezwungen sind zu arbeiten, ergibt sich die Notwendigkeit, ein Kind vorübergehend in ein Ställchen zu setzen. Je sicherer seine Bewegungsabläufe und seine Selbstständigkeit werden, desto mehr kann man das Kind sich selbst überlassen.

Während der Sauberkeitserziehung sind Rituale unumgänglich: zum Beispiel nach einer Mahlzeit den Mund und nach einem Toilettenbesuch den Po abwischen. Neugierde, ein natürlicher Antrieb, verlangt, ebenso wie Hunger und Ernährung, Befriedigung. Neugierverhalten drückt sich in der Körpersprache aus. Spielen des Kleinkindes verläuft, zunächst ohne Spielsachen, über Kommunikationskontakte: Blicke, Mimik, Gestik, Sprache. Fröhliche Zuwendungsspiele wecken Begeisterungslust.

Spiele und Spielsachen müssen alle Sinne anregen: Fühlen, Riechen, Schmecken (Vorsicht! Verschluckungsgefahr!), Hören, Sehen. Fertige Industriespiele, geruchsfrei und unflexibel, stimulieren zu wenig und sind keinesfalls ausschließlich zu verwenden.

Möglichst früh und schrittweise sollte begonnen werden, nach vernünftigen Regeln und Werten zu erziehen. Wiederholte Gegensätze zwischen den Eltern (oder Bezugspersonen) verunsichern das Kind. Erziehungsvereinbarungen sind unumgänglich. Erziehungsziele als Leitlinie dienen der Orientierung. Regeln und Werte sind dann erforderlich, wenn sie gebraucht werden. Beispiele: Sich während des Essens zu setzen, ist sinnvoller, als mit der Nahrung überall herumzulaufen. Wäre dies möglich, lägen in der Wohnung an vielen Stellen Essensreste. Erlauben und Verbieten sind notwendige Erziehungsmittel. Denn das Kind tut Dinge, die erlaubt und verboten sind. Stellt man ein Kind nach verbotenem Tun zur Rede, wird es versuchen, aus Angst vor der Reaktion zu lügen. Toleriert man ein solches Verhalten auf Dauer, verfestigt sich die Eigenschaft der Unehrlichkeit. Ehrlichkeit jedoch ist zwischen Kind und Mutter, zwischen Kind und anderen Familienangehörigen im Interesse des Vertrauens unentbehrlich.

Mit zunehmender Selbstständigkeit sind die Erfahrungsspielräume angemessen zu erweitern. Ein Ausprobieren von Erfolg und Misserfolg, Versuch und Irrtum wirkt gehirnanregend: Fühlen, Denken, Fantasie und Neugier werden so bestmöglich gereizt.

Nichts ist für eine natürliche und gesunde Entwicklung schädlicher als extreme Ablenkungen durch Medien und Konsum. Sie verführen zu körperlicher und geistiger Passivität. Wichtig sind kooperative Aktivitäten des erfahrungsbezogenen Tuns.

Baby-Fernsehen ist ein krasses Beispiel für eine falsch verstandene Anregung. Damit erweist man der Gehirnentwicklung einen Negativdienst. Permanente Reize wirken in dieser frühen Phase der Gehirnentwicklung chaotisch und verhindern den Aufbau synaptischer Verbindungen. Unter einer Synapse versteht man eine Kontaktstelle zwischen zwei Nervenzellen oder zwischen einer Nerven- und Sinneszelle. Verlässliche wiederkehrende Informationen, wie sie in der sozialen Kommunikation stattfinden, sind notwendig, damit sich Synapsen bilden und verstärken.

Körperliche und geistige Tätigkeiten sind: Bewegung, Spiel, Sinnesanregungen, Konzentration, Anstrengung, Ausdauer.

Abwechslungsreiches Präsentieren der Inhalte und Impulse ist zu beachten. Lernen stimuliert Aha-Erlebnisse und emotionalisiert Gehirnregionen. Loben in wort- und körpersprachlicher Form (ein freundlicher Blick, eine ermutigende Geste) verstärkt positives Verhalten. Pessimismus wirkt demotivierend.

Begabungen (kognitive, soziale, emotionale, musikalische, künstlerische usw.) sind zu erkennen und besonders zu fördern.

Emotionaler Kontakt ist für die intellektuelle Entwicklung von entscheidender Bedeutung. Denn der Mensch ist ein soziales Wesen. Beispiel: Wörter während der Sprechversuche werden schneller und einprägsamer gelernt, wenn ein vertrauter Erwachsener die Erfolge begeistert kommentiert. Kinder lernen das am besten, was sie selbst ausprobieren und erfahren dürfen. So bauen sich dauerhafte neuronale Netze auf.

Der erste Entwicklungsschub endet etwa nach drei Jahren. Vor der Pubertät beginnt ein zweiter. Der junge Mensch erlernt moralische Wertmaßstäbe. In der präfrontalen Hirnrinde festigen sich diese Verbindungen. Mit fortschreitendem Alter nimmt die Fähigkeit zum Problemlösen schwieriger Aufgaben zu. Die Selbstständigkeit dazu muss nachhaltig unterstützt werden. Das verlangt Anstrengungsbereitschaft und Durchhaltevermögen. Beide sind durch vielfältiges Belobigen zu aktivieren. Geld und Materielles als äußere Verstärkung zerstören die innere Motivation zum Lernen. Sie dürfen nur ausnahmsweise erfolgen.

3. Mutter-Kind-Beziehung

Nachgiebigkeitsschwächen

These: Jungen realisieren ihre Interessen gegenüber der Mutter stärker als Mädchen. Fürsorge und Mitleid münden im Wohlstandsumfeld vielfach in Nachgiebigkeitsschwächen. Sie begünstigen Bequemlichkeitshaltungen. Diese reduzieren die Leistungsfähigkeit der Heranwachsenden in Familie und Bildungssystem. Mädchen sind verlässlicher und fleißiger.

Das wichtigste Vorbild der Deutschen ist die eigene Mutter, an zweiter Stelle folgt Mutter Teresa und an dritter – der eigene Vater. Die Mutter prägt wie niemand sonst: durch Langzeitwirkung, Fürsorglichkeit und Verlässlichkeit.

Bereits vor der Geburt kommuniziert eine Mutter mit ihrem ungeborenen Kind. Welche positiven oder negativen Einflüsse damit verbunden sind, lässt sich im Einzelnen nicht nachweisen, wohl aber vermuten. Eine glücklich bejahende Erwartungshaltung wirkt sich positiver auf die vorgeburtliche Entwicklung aus als eine pessimistisch ablehnende.

Wochen nach der Empfängnis bilden sich die ersten Hirnnervenzellen. Weit über 100 Milliarden bringt ein Neugeborenes mit auf die Welt. Die Gefahr: Drogen- und Medikamentenkonsum der werdenden Mutter können sich schädigend auf die Gehirnentwicklung auswirken! Ebenso extremer Stress. Starke Ängste während Schwangerschaft und Geburt bleiben nicht ohne Einfluss.

Haben sich Mutter und Vater auf einen Jungen fixiert und bekommen stattdessen ein Mädchen, verlaufen die Zuwendungskontakte unbewusst anders. In Gesellschaften, in denen ein Junge einen höheren Stellenwert besitzt als ein Mädchen, akzeptiert man einen männlichen Neugeborenen tendenziell eher. Form und Qualität der Beziehung zwischen Mutter und Sohn bzw. Tochter werden ungewollt von instinktiven Impulsen beeinflusst. Es ist realistisch anzunehmen, dass eine Mutter dem gegengeschlechtlichen Kind andere und vielleicht positivere Empfindungen entgegenbringt als dem gleichgeschlechtlichen. Eine Mutter verhält sich ihrem Säugling gegenüber im Allgemeinen auf natürliche Art altersspezifisch richtig. Mir scheint, dass diese Fähigkeit in den westlichen Gesellschaften abgenommen hat.

Erziehungsvorstellungen und -ziele sind innerhalb einer Kultur und von Kultur zu Kultur unterschiedlich. Ich habe den Eindruck, dass heutige Eltern ihrem Säugling häufiger ins Gesicht schauen und einfühlsamer mit ihm reden und interagieren als in meiner Kindheit. Eine Mutter hierzulande geht mit ihrem Kind so um, als wäre es eine individuelle Persönlichkeit. Selbstständigkeit und Durchsetzungsfähigkeit sollen möglichst früh erlernt werden. In einer industriellen und globalen Konkurrenzgesellschaft sind solche Qualifikationen erfolgreich. Daher denken Eltern darüber nach, wie sie ihr Kind möglichst früh fördern können. Dieses Motiv ist für den Erziehungsstil ausschlaggebend. Mütter in einer agrarisch strukturierten Kultur mit hoher Kinderzahl in den Familien achten darauf, dass ihr Nachwuchs möglichst früh motorische Fertigkeiten entwickelt, um bei der Arbeit und der Betreuung der Geschwister mithelfen zu können.

Triebe sind natürliche Ausdrucksformen. Die Stärke ist abhängig von der jeweiligen inneren und äußeren Situation. Ein Kind, das Hunger und Durst hat (Nahrungstrieb), äußert sich energischer als im Falle des Sattseins. Verspürt es

Hunger, schreit es (Aggressionstrieb). Das Bedürfnis nach Zuwendung und Hautkontakt (Sexualtrieb) artikuliert es anfangs durch Schreien und Körperbewegungen (Bewegungstrieb). Wichtig ist, dass sich eine Bezugsperson so verhält, dass es zu keiner extremen Triebunterdrückung über lange Zeit kommt. Denn Triebunterdrückungen lösen Ängste aus. Auf Triebunterdrückung folgt Aggressivität. Verhält sich eine Pflegeperson in Bezug auf Triebunterdrückung dem Kleinkind gegenüber unkalkulierbar, baut das Kind unberechenbare Verhaltensweisen auf. Beginnt das Kind seinen Nahraum bewegungsmäßig zu erforschen, gilt es Gefahrenfaktoren auszuschalten. Momentane Einschränkungen bestimmter Bewegungen aus Vorsicht sind daher notwendig. Wird das körperlich Kontakt suchende Kind von der Bezugsperson überwiegend abgewiesen, bauen sich Hemmungen gegenüber Körperberührungen auf. Kinder drücken ihr Unwohlsein durch Schreien aus. Springt die Mutter nach jedem Laut sofort herbei, gerät sie leicht in eine Dressurfalle. Wichtig ist, dass sich ein gewisses Gleichgewicht zwischen Nähe und Distanz einpendelt. In den ersten Stunden nach der Geburt ist beim Neugeborenen eine außergewöhnliche Wachheit erkennbar. Hier beginnt der Gesicht-zu-Gesicht-Kontakt zwischen Mutter und Kind: anreden in hoher Tonlage, herzen, scherzen und küssen. In dieser Phase ist die Saugbereitschaft besonders augenfällig. Das natürliche Stillen, verbunden mit häufigem Körperkontakt, festigt die emotionale Bindung. Stillen hat gegenüber der Flaschenernährung eindeutige Vorteile. Solche Mütter dialogisieren differenzierter als Mütter, die sich innerlich distanziert verhalten.

Die Weltgesundheitsorganisation (WHO) schätzt, dass jedes Jahr ungefähr 1,5 Millionen Babys sterben, weil sie, anstatt gestillt, Milch-Ersatzpulver erhalten. Dadurch werden die Abwehrkräfte nicht ausreichend gestärkt. Die Babynahrungsmittel-Hersteller suggerieren, dass Flaschenmilch ebenso gesund sei wie Muttermilch. Mütter in Entwicklungsländern wissen nicht, dass Milchpulver, gemischt mit verunreinigtem Wasser, die Sterblichkeit erhöht.

In Deutschland sterben jährlich etwa fünfhundert Säuglinge den plötzlichen Kindstod. Gleichbleibende Wärme, zum Beispiel durch einen Schlafsack, soll die Zahl verringern. Ein Kuscheltier neben das Neugeborene zu legen birgt die Gefahr einer verringerten Luftzufuhr, besonders während des Schlafens. Häufiger Hautkontakt, gleichzeitiges Streicheln, Wiegen, Lächeln, Sprechen fördert die emotionale, soziale und geistige Entwicklung. Säuglinge sind in der Lage, die Stimme der Mutter von der anderer Personen zu unterscheiden. Ja, sie bevorzugen die Stimme der Mutter und orientieren sich an ihrem Gesicht. Später ahmen sie die Mimik der Mutter nach. Mit etwa zwei Monaten ist ein Kind fähig, gezielt zu lächeln. Mitteilungen erfolgen durch das Mienenspiel. Bewusstes Schmollen gelingt zeitlich etwas später. Ob ein Nahrungsmittel schmeckt (süß oder sauer), äußert sich im Gesichtsausdruck.

Die Bedingungen der Entbindung in der sterilen Umwelt eines Krankenhauses weichen mehr oder weniger stark von der Geborgenheit des natürlichen Zuhauses ab. Insofern kann sich dies ungünstig auf die Mutter-Kind-Beziehung auswirken.

Die Zahl der Mütter nimmt zu, die aufgrund außerhäuslicher Tätigkeiten nicht genügend Zeit für die Pflege und Erziehung ihrer Kinder aufbringen oder sich aus anderen Gründen nicht ausreichend Zeit nehmen. Hinzu kommt eine zunehmende Zahl derjenigen, die aus Ungeduld und

Zeitknappheit die strapaziöse Pflege und Betreuung unangemessen beschleunigen. In der ersten Lebenswoche zum Beispiel benötigt ein Säugling etwa sechs Mahlzeiten. Im Durchschnitt fünf bis sechs Stunden pro Tag erfordern die Zuwendungen Stillen, Wickeln, Baden, Auf-den-Arm-Nehmen, Liebkosen. Je weniger Zeit die Mutter erübrigt und je häufiger die Betreuungspersonen in den ersten Kinderjahren wechseln, desto mehr können Störungen in der sprachlichen, emotionalen, sozialen und geistigen Entwicklung entstehen. Eine gestresste Mutter neigt dazu, momentane Bedürfnisse des Kindes zu rasch zu befriedigen. Sie spürt: Erfüllt sie einen Wunsch nicht, reagiert das Kind ungehalten. Also: Schnelle Wunscherfüllung reduziert Anspannung. Ein deutlicher Mangel an personaler und vertrauensstärkender Zuwendung in der sensiblen Phase der ersten Jahre ist danach schwer oder gar nicht reparabel.

Ernährung und Körperkontakt stehen im Vordergrund der primären Bedürfnisse des Anfangs. Es wäre falsch, das Kind überlang warten zu lassen, wenn es Hunger oder Beschwerden verspürt. Auf jedes Signal sofort herbeizuspringen, stets ungeduldig oder hektisch zu sein, ist allerdings wenig sinnvoll. Noch nachteiliger für ein Kind wirkt sich ein unberechenbares Verhalten aus, das über Jahre praktiziert wird. Unberechenbar heißt: Die Betreuungsperson reagiert auf dasselbe Verhalten einmal durch Liebesentzug und das andere Mal durch freundliche Zuwendung. Geduld und Gleichgewicht sind gefragt. Beides kann nicht immer gelingen. Ständiger Zeitdruck aus Gründen der Berufstätigkeit wirkt sich ungünstig aus. Eine überwiegend freundliche Zuwendung durch Körper- und Wortsprache erzeugt Vertrauen. Weint ein Neugeborenes, möchte es beruhigt werden. Es wäre unangemessen, sein Bedürfnis nach Körperkontakt abzuweisen. Nichts wäre nachteiliger, wenn sich das Kind bereits in diesem frühen Stadium zurückgestoßen und abgelehnt fühlte. Entfernt sich die Mutter, beginnen die Trennungsängste. Weinen bei zu langer Abwesenheit ängstigt elementar. Die Mutter-Kind-Beziehung ist so eng, dass ein Kind die Mutter bevorzugt, wenn es beruhigt werden will. Ein Erfahrungsbeispiel: Ich hatte die Möglichkeit, mich bei der Pflege und Entwicklung meiner Kinder zeitlich genau so wie meine Frau zu beteiligen. Waren unsere Kinder krank, bevorzugten sie die Mutter – vor dem Vater.

Der Spracherwerb entwickelt sich schrittweise über die Lautäußerungen. Aufs Engste damit verbunden ist die Entwicklung des Denkens und der sozialen Beziehungen zur Mutter und anderer Personen der unmittelbaren Umgebung. Hinter den zunächst völlig unverständlichen Lauten entdecken die das Kind täglich umgebenden Menschen allmählich einen Sinn. Laute drücken die augenblickliche gefühlsmäßige Befindlichkeit aus.

In der ersten Zeit steht das mehr oder weniger kräftige Schreien im Vordergrund. Das Kind macht auf sich aufmerksam: Es hat Hunger, ist nass oder friert oder fühlt sich wegen anderer Beschwerden unwohl. Hin und wieder äußert es Vokal- oder Kehllaute. Später beginnende Gurgellaute (rrr-Ketten) drücken Wohlbefinden aus. In der Folgezeit hört man immer häufiger Lautgemische, wie Plaudern, Verdoppelung von Silben (ma-ma, pa-pa …). Für die Entwicklung der Sprache ist entscheidend, dass und wie reagiert wird. Das Kind kann freundliches, strenges oder unfreundliches Ansprechen unterscheiden. Es spürt, in welcher Stimmungslage sich die Mutter befindet. Eine ausgeglichene Verlässlichkeit wirkt sich positiv aus. Das Wiederholen bestimmter Vokale, Konsonanten, Silben, Wörter und schließlich Sätze in bestimmten Situationen und Zusammenhängen festigt die Sprachfähigkeit.

In den ersten Tagen und Wochen bewegt sich ein Neugeborenes nur im Liegen. Koordination, Differenzierung und Gleichgewicht in der Motorik der Körperbewegungen vollziehen sich in raschen Entwicklungsschritten. Die ablaufenden Bewegungsmuster sind angeboren: Kriechen, Robben, Krabbeln, Gehen. Gelingt ihm allmählich das selbstständige Sitzen, erweitert sich der Spielraum der Arme und Hände. Erobert sich das Kleinkind zunehmend die ganze Wohnung, heißt es aufgepasst. Seine Initiativen zu Selbstständigkeit dürfen nicht aus Ängstlichkeit oder überzogener Vorsicht fortwährend und massiv eingeschränkt werden. Das führt zu Entwicklungsverzögerungen. Sein Umfeld ist so zu gestalten, dass keine Verletzungsgefahren lauern. Ich habe Mütter beobachten können, die das Kind aus Bequemlichkeit und Zeitmangel überlang ins Ställchen verfrachteten. Schreien und Jammern rührten sie nicht.

Die Hände erfüllen eine wichtige Funktion: für die Wahrnehmung und den Kontakt. Wird der Hunger gestillt, umfasst das Kind die Brust oder die Flasche. Die Eigenschaften eines Dinges werden ertastet: glatt, rau, warm, kalt, groß, klein usw. Zärtlichkeit wird durch Streicheln ausgedrückt. Beginnt das Kind, seine Hände in eine bestimmte Richtung zu bewegen, greift es nach den Haaren, dem Gesicht. Es versucht, in Mund und Augen einzudringen. Gegenstände und Menschen schaut es nicht nur an, sondern will sie ergreifen. Festhalten und willkürliches Loslassen gelingt ihm mehr und mehr. Schließlich gibt es ein Ding gezielt in eine Hand oder hält die Hand auf, um etwas zu empfangen. Es erforscht seine Umgebung nicht nur durch Anfassen. Viele Monate nimmt es so gut wie alles in den Mund. Der Mundbereich ist mit Lustempfindungen verbunden: Lippen und Mundhöhle. Daher die ständige Bereitschaft, Mutter, Brust, Nahrung, Flasche, Schnuller und anderes in Besitz zu nehmen und sich einzuverleiben. Die sexuelle und aggressive Energie äußert sich im Saugen, Lutschen und einige Monate später im Beißen. Allmählich erlangt das Kleinkind die Fähigkeit, sein Selbst vom Nichtselbst, Ich und Du zu unterscheiden. Lustempfindungen und Lustgewinn richten sich entweder auf die eigene Person oder auf ein äußeres Objekt, oder auf beides. Äußere Objekte sind entweder Personen oder Dinge. Je mehr sich seine Wahrnehmung (sehen, hören, schmecken, riechen, tasten) erweitert, desto stärker richtet es seine Aufmerksamkeit auf kleine Gegenstände. Ist der Zangengriff entwickelt, beginnt eine Phase des ständigen Ausprobierens, Dinge aufzunehmen und fallen zu lassen. Der Erwachsene registriert, wie das Kind fähig wird, gezielt zu beobachten, sich immer länger zu konzentrieren und Gefallen findet, unermüdlich nachzuahmen. Ständiges Unterbrechen durch extreme Geräusche oder durch die Bezugspersonen wirkt sich nachteilig auf die Entwicklung der Konzentrationsfähigkeit aus. Falsch wäre es, aus Furcht und übertriebenem Ordnungssinn das Kleinkind in seinem Bewegungsdrang und seinen Forschungsinitiativen fortwährend zu unterbrechen.

Fähigkeiten wachsen im Verlauf des ersten Lebensjahres: Wahrnehmung, Sprache, Motorik. Entstehen im Entwicklungsprozess keine gravierenden Störungen, nehmen Selbstständigkeit und Unabhängigkeit zu. Unterstützt die Mutter diesen Prozess, äußern sich Erfolgserlebnisse in unübersehbarer Begeisterung. Eine Flasche oder einen Becher allein zu halten, spiegelt sich freudestrahlend im Gesicht. Es bedeutet ein enormer Fortschritt, zum Beispiel Zwieback, Plätzchen und anderes mit der Hand zu essen.

Ich habe Mütter beobachten können, die auf Bekleckern beim Trinken aus der Flasche überempfindlich reagierten. In unseren westlichen „überreinlichen" Staaten gibt es inzwischen zu viele Mütter, die auf Krümeln mit strafendem Blick antworten. Als ob ein Kleinkind schon zu einer bewussten Bewegungskontrolle fähig wäre!

Normales und natürliches Einfühlungsvermögen gegenüber Kleinkindern scheinen zunehmend verloren zu gehen. Ordnungswidersprüche sind auszumachen: ein unordentliches Kinderzimmer einerseits und andererseits übertriebene Pedanterie. Zusätzliche zeitliche Belastungen stören. Alles „liegen und stehen zu lassen" ist einfacher, als Dinge rechtzeitig wegzuräumen.

Zuneigung und räumliche Nähe stellen die elementaren Voraussetzungen für eine gesunde Entwicklung dar. In der zweiten Hälfte des ersten Lebensjahres nimmt das Kleinkind aktiv und selbstständig Kontakt auf. Es streckt die Ärmchen aus, um auf den Arm genommen zu werden. Oder es artikuliert bestimmte Laute, um auf sich aufmerksam zu machen. Das „Kuckucksspiel" steht im Mittelpunkt seines Interesses. Es hängt ein Tuch über den Kopf, um zu signalisieren: Jetzt kann's losgehen. Ohne Überdruss wird das Spiel täglich zigfach wiederholt. Durch seine noch bestehende Naivität glaubt das Kind, dass der Spielpartner es nicht sieht. Diese Kontaktfreudigkeit gegenüber Fremden ändert sich schon bald. Zurückhaltung und Angst vor Unbekannten nehmen zu (Fremdeln). In der Natur diente ein solches Verhalten der Sicherheit gegenüber Feinden. Das Zwiegespräch zwischen Mutter und Kleinkind gegen Ende des ersten Lebensjahres gestaltet sich so: Mutter (oder Vater) sprechen, das Kind ahmt Silben und Tonfall nach.

Verhalten sich die Betreuungspersonen angemessen, wird

das Kind beim Trinken und Essen, beim Aus- und Anziehen und beim Beherrschen der Ausscheidungsfunktionen immer selbstständiger (zwischen dem zweiten und vierten Lebensjahr). Die Kontrolle der Blasen- und Darmentleerung ist von der Ausreifung entsprechender Nervenbahnen abhängig. Insofern kommt es darauf an, den passenden Zeitpunkt abzuwarten. Wer zu früh mit der Sauberkeitserziehung beginnt, wird feststellen, dass dies nur zu unnötigen Schwierigkeiten führt. Angemessen ist ein schrittweises und flexibles Vorgehen. Blasenentleerung, vor allem Darmentleerung und Beherrschung des Schließmuskels durch den Willen erlebt das Kind lustbetont. Lustvolle Empfindungen durchdringen die Anal- und Genitalregion. Setzt die Bezugsperson das Kind durch falsche Äußerungen oder Übergenauigkeit übermäßig unter Druck, verbinden sich mit der Ausscheidungszone unnötige Ängste. Die späteren sexuellen Beziehungen können darunter leiden. Wird die Reinlichkeitserziehung zu oberflächlich gehandhabt, könnte sich dadurch ein oberflächlicher Charakter strukturieren. Überpedanterie löst in zwischenmenschlichen Beziehungen dann Konflikte aus, wenn der Übergenaue dem anderen seinen Willen aufzwingt. Insofern kann sich aus dieser Eigenart ein spezifisch autoritärer Charakterzug verfestigen.

Ist das Kind fähig, Blase und Darm willentlich zu entleeren, hat es einen gewissen Grad an Unabhängigkeit erreicht. Der Grad der Unabhängigkeit besteht darin, dass es eine größere innere Freiheit zu sich selbst erzielt. In diesem Bereich hat es sozusagen seinen eigenen Willen. Ungeschicklichkeiten zu Beginn haben Beschmutzungen zur Folge. Bestrafende Gesten und Bemerkungen, zu oft und massiv geäußert, können die folgende Wirkung nach sich ziehen: Immer dann, wenn das Kind „muss", entstehen Angstgefühle. Die

Selbstsicherheit wird beeinträchtigt. Diese Körperregion ist lustbesetzt. Werden hier natürliche Empfindungen durch falsches Verhalten gestört, hat das Auswirkungen auf das sexuelle Verhalten in der Zukunft.

Ein anderes Verhalten lässt sich so beschreiben: Ein Kind reagiert auf kleinliches und vorwurfvolles Verhalten der Bezugsperson mit Aggression. „Du böses Kind!" ist eine geläufige Reaktion einer Pflegeperson. Wiederholen sich verbale Druckmittel über lange Zeit, könnten sich Schuldgefühle und damit Unsicherheiten aufbauen. Mangelndes Selbstbewusstsein, auch auf anderen Ebenen, kann die Folge sein. Erfährt der junge Mensch in vielen Bereichen extreme Reglementierungen über Jahre, leidet sein Selbstwertgefühl. In aktuellen Situationen äußert sich dies in unangemessener Zurückhaltung und Schüchternheit. In den folgenden Lebensjahren kann die Wahrscheinlichkeit wachsen, dass der Nachwuchs versucht, Hemmungen durch Überkompensation oder Extremverhaltensweisen auszugleichen. Oftmals werden dann innere Barrieren durch Aggressivität überwunden. Identifizieren sich Kleinkinder im Alter von drei bis vier Jahren mit aggressiven Vorbildern in den Medien, wird Aggressivität in speziellen Lebenssituationen nachgeahmt und erfährt eine zusätzliche Verstärkung. Erfolg erhöht die Aggressivitätswahrscheinlichkeit.

Betreuungspersonen im Erziehungsprozess verhalten sich oft widersprüchlich. Während der Sauberkeitserziehung sind sie übergenau, in den Jahren danach dürfen sich die Kinder weitgehend selbst bestimmen (Stichwort: Medienkonsum). Anders ausgedrückt: Selbstbestimmung klingt positiv. Hier jedoch ist gemeint: Kinder bleiben sich selbst überlassen, ohne Orientierung durch Mutter oder Vater, und verwahrlosen. Während der Pubertät in übersteigerter Form: Sie schwänzen die Schule und treiben sich sonst wo herum. Das kommt bei Mädchen deutlich weniger vor.

Nicht selten sind Auswüchse falschen Erziehungsverhaltens in Bezug auf Fernsehkonsum schon bei 3- bis 4-Jährigen zu beobachten. Man stellt ein Fernsehgerät ins Kinderzimmer. Das Kind bleibt sich selbst überlassen und ist sein eigener „Programmdirektor". Es bestimmt, was und wie lange es sieht. Fernsehgerät als Ersatzeltern, Ruhigsteller und Betäubungsmittel. Konflikte auf dem Bildschirm werden überwiegend mit Gewalt gelöst. So verinnerlichen Kinder zu früh Gewaltvorbilder und glauben, Gewalt sei das einzig wirkungsvolle Mittel der Konfliktbewältigung.

Zwischen dem dritten und siebten Lebensjahr erhöht sich die Reizbarkeit der Geschlechtsorgane: Glied und Klitoris. Dabei kommt es häufig vor, je nach augenblicklicher Stimmungslage, dass ein Kind (Mädchen, Junge) seine sexuellen Empfindungen auf den gegengeschlechtlichen Elternteil überträgt. Leben weitere Personen in der Wohngemeinschaft, zu denen das Kind eine enge Beziehung hat, verteilt sich die erotische Übertragung. Da eine sexuelle Vereinigung des Jungen mit der Mutter, des Mädchens mit dem Vater nicht möglich ist, muss das sexuelle Bedürfnis kontrolliert und verdrängt werden. Wichtig ist, dass sich das Kind in dieser unruhigen Phase sinnvoll aktiviert oder durch Anregungen ablenkt. Sexuelle Gefühle gegenüber dem gegengeschlechtlichen Elternteil bewirken starke emotionale Nähe. Zurückweisungen in Konflikten lassen Hassgefühle entstehen. Sexuelle Fantasien und erotische Zuneigungen haben die Wirkung, dass sich die Tochter mit dem Vater und der Sohn mit der Mutter identifizieren. Eigenschaften, Normen, Moral, Einstellungen und Verhaltensweisen werden von dieser Person übernommen und verinnerlicht. Das Gewissen formt sich.

Eine weitere Verinnerlichung von Geboten und Verboten setzt sich in der vorpubertären Phase fort (etwa fünftes bis zwölftes Lebensjahr). Die sexuelle Reizbarkeit ist latent vorhanden, aber noch reduziert. Individuelle Unterschiede ändern nichts an objektiven Durchschnittswerten.

Die Geschlechtsreife (Fähigkeit zur Fortpflanzung) beginnt beim Mädchen früher als beim Jungen, ungefähr ab dem zehnten Lebensjahr. Sie ist abhängig von genetischen und sozialen Bedingungen. Hormonale Umstimmungen in dieser Zeit belasten physisch und psychisch. Es erfolgt beschleunigtes Wachstum. Die Keimdrüsen beginnen ihre Tätigkeit. Beim Mädchen beginnt die erste Regelblutung (Menarche). Aus der zunächst unregelmäßigen Regelblutung (Menstruation) des Mädchens wird nach einiger Zeit ein regelmäßiger Rhythmus. Der Junge erlebt den ersten Samenerguss (Ejakulation) oft ungewollt: ausgelöst durch geringe Reizung des Gliedes oder Fantasievorstellungen.

Die labile Phase der Pubertät wird auch als Identitätskrise bezeichnet. Wie stabil sich ein Pubertierender entwickelt, hängt vor allem von den Personen ab, mit denen der junge Mensch interagiert. Innere Konflikte lösen äußere, äußere innere aus. Die körperlich organischen Veränderungen müssen verarbeitet werden, wie Wachstumsschübe, Fortpflanzungsfähigkeit und die psychischen Reifungsprozesse. Genitale Sexualität und Auseinandersetzung mit einer neuen Rolle führen unweigerlich zu extremen Stimmungsschwankungen. Selbstunsicherheit, innere Zerrissenheit, Trotz, Protest, Aggressivität und Bestrebungen der Autonomie sind solche Ausdrucksformen. Ist man diesem „Hexenkessel" der Gefühle ausgesetzt – wie verhält man sich dann als Bezugsperson angemessen? Ein Rezept gibt es nicht, weil sich jedes Mädchen und jeder Junge unterschiedlich verhalten. Wie unterscheiden sich Mädchen von Jungen?

Im Mittelpunkt des entwicklungsbedingten Interesses steht die Auseinandersetzung mit den Normen und Wertmaßstäben des Umfeldes, der Familie, der Schule, des Berufs, also der Gesellschaft. Peergroups, Gleichaltrige, sind in dieser Lebensphase meist einflussreicher als die eigene Familie. Der Prozess der Identitätsfindung führt partiell zu psychischen Überbelastungen. Die Folgen: psychosomatische Störungen, wie Pubertätsmagersucht (Anorexie) oder Ausweichen in Drogen. Die Erziehungsschwierigkeiten gerade in dieser Lebensphase haben stetig zugenommen. Immer mehr Eltern suchen Erziehungsberatungsstellen auf. Sich für Gespräche Zeit zu nehmen, stellt eine elementare Voraussetzung zur Aufarbeitung von Konflikten dar. Beispiel: Wer von einem jungen Menschen Ehrlichkeit erwartet, darf nicht ständig durch Unehrlichkeiten auffallen.

Die zahllosen Verführungsreize in unserer Gesellschaft (Werbung, Konsum, Medien) erhöhen das Risiko eines gefährlichen Abgleitens in abweichendes Verhalten. Daher ist der Grundgedanke, ein Kind möglichst früh aus der Geborgenheit des Elternhauses zu entlassen, unangemessen. Immer mehr Eltern ziehen sich zu früh aus der Erziehungsverantwortung zurück. Ihnen sind die Folgen nicht bewusst oder sie wollen oder können den täglichen Beziehungsstress nicht aushalten. Die Ursachen für Kommunikationsschwierigkeiten mit ihrem Nachwuchs haben sich unbeabsichtigt in den Jahren zuvor verkompliziert, Lösungsmöglichkeiten sind trotz Bemühungen gescheitert.

Die Vernachlässigung von Kleinkindern nimmt zu und bleibt meist im Verborgenen. Besonders betroffen sind arme Familien. Vernachlässigung wird durch niedriges Einkommen, Arbeitslosigkeit und schlechte Wohnverhältnisse begünstigt. Werden Eltern apathisch, wirkt sich dies negativ auf das Erziehungsklima aus. Ebenso ungünstig ist eine Situation, in der beide Elternteile aufgrund von Berufstätigkeit keine Zeit haben, sich um ihr Kind zu kümmern. Das Wissen und das Gespür, wie Kinder angemessen zu betreuen sind, geht Eltern zunehmend verloren. Sie fühlen sich überfordert. Eine Art Wohlstandsvernachlässigung gibt es auch in begüterten Familien. Vielen Eltern fehlt die sichere Vorstellung, an welche Wertmaßstäbe sie sich halten sollen. Ein falsches Verständnis von Selbstständigkeit führt dazu, dass Kinder zu viel alleine sind. Die Beziehungs- und Bindungsfähigkeit löst sich auf. Durch emotionale Vernachlässigung steigt die Anfälligkeit für Negativcliquen und Drogen.

Väter neigen gleichermaßen zur Verwöhnung der Töchter wie die Mütter zur Verhätschelung der Söhne. Bei den Vätern ist die Wahrscheinlichkeit geringer, da sie häufiger abwesend sind.

4. Triebverhalten

These: Das Verhalten von Heranwachsenden wird von angeborenen Programmen gesteuert. Die physische Aggressivität liegt bei Jungen im Durchschnitt um ein Vielfaches höher als bei Mädchen.

In den hochtechnisierten Wohlstandsgesellschaften der Gegenwart braucht sich der Mensch in vielen Bereichen nicht mehr anzustrengen, um seine Triebe zu befriedigen. Die Suche nach Nahrung erübrigt sich, wenn die Märkte sie bereitstellen. Um einen Sexualpartner zu entdecken, reicht oft ein Diskobesuch.

Der Überlebenskampf in Lebensformen der Vergangenheit als Sammler, Jäger, Ackerbauer erforderte Bewegung (Gehen, Laufen, Jagen, Kämpfen, Graben, Ackern, Ernten). Er verlangte ein Verhalten, das Gefahren angepasst war. Die Neugier führte dazu, entsprechende Werkzeuge, Waffen und Behausungen zu entwickeln. Diese dienten einzig und allein dem Zweck, Nahrungssuche und Ernährung zu erleichtern und sich vor Feinden und Wetter zu schützen.

Kinder im Wohlstand – im Gegensatz zu Kindern in armen Ländern –, die „alles" haben, suchen stets nach frischen Reizen, die Abwechslung bringen. Alltägliche Nahrung ist langweilig. Köstlichkeiten müssen her. Die unzähligen industriellen Spielsachen in einem Kinderzimmer werden reizlos, wenn nicht immer etwas Neues hinzukommt.

Die Aktion „Saubere Landschaft" steht beispielhaft für unsere verschwenderische Konsum- und Wegwerfgesellschaft. Eine vermüllte Landschaft, diverse Verschmutzungen allerorten (Haltestellen, Schulhöfe, öffentliche Plätze und Nischen …) stellen für viele Mitbürger fast schon selbstverständlicher Alltag dar, und zwar nach dem Motto: ärgerlich, aber sowieso nicht zu ändern. Nach Großveranstaltungen, auf Parkplätzen, Autoraststätten und dergleichen steigert sich die Vermüllung in katastrophalem Maße. Es gibt Länder, deren Bevölkerung deutlich stärker um Ordnung bemüht ist als unsere.

Die Problematik beginnt frühzeitig. Kinder können zu Hause keine Ordnung erzielen, weil sie von allem zu viel besitzen: Spielsachen, Nahrung, Kleidung … Wie selbstverständlich liegen Dinge irgendwo herum. Der erzieherische Einfluss bleibt oft ohne nachhaltige Wirkung.

So entsteht ein Entwertungsbewusstsein. Das bedeutet: Das Gefühl für den Wert von Dingen nimmt ab (zu Hause, im Kindergarten, in der Schule und in der Öffentlichkeit). Nachlässige Erwachsene beteiligen sich ebenso daran. Fühlt sich jemand unbeobachtet, fällt es ihm umso leichter, irgendetwas fallen zu lassen oder wegzuwerfen. Viele stört schon nicht mehr die Anwesenheit eines anderen, um seinen Abfall ohne Hemmungen loszuwerden.

So entstehen regional und national überflüssige Kosten für die Entsorgung, die letztlich die Allgemeinheit tragen muss. Schlimmer noch die Kettenreaktion im Bewusstsein und im Verhalten: Da liegt schon etwas, dann werf ich's dazu. Die leichtfertige Wegwerfhaltung breitet sich auf diese Weise mehr und mehr aus und nimmt auch auf anderen Ebenen zu. Die Mentalität des Wegwerfens infiziert die menschlichen Beziehungen. Man befreit sich von einem Menschen gleichsam wie von überflüssigen Dingen, auf die man keinen Bock mehr hat.

Alles, was es im Überfluss gibt, verliert an Wert oder wird schließlich wertlos. In einem Umfeld des Mangels hat der Wert des einzelnen Dinges an sich einen höheren Wert. Die ständige Lust nach Neuem steigert die Anspruchshaltung und damit den Überverbrauch. Zerstörungen der Umwelt sind die Folge. Die Triebdynamik der Lustempfindungen lässt der Einsicht keine Chance. Daher kann freiwilliger Verzicht nicht gelingen. In Mangelgesellschaften bleibt dem Individuum nichts anders übrig, als verzichten zu müssen. Mangel und Verzicht erziehen wirkungsvoller als Überfluss.

Lösungsansatz: Eine Verbesserung der Gesamtsituation kann nur einigermaßen zufriedenstellend gelingen, wenn alle – jeder ist betroffen – nicht in ihrem Bemühen nachlassen, in den Erziehungsinstitutionen das Angebot an Dingen zu reduzieren und zu dosieren. Nicht so: Man bedient sich nach eigenem Ermessen. Stattdessen: häufige Gespräche, warum sorgsamer Umgang notwendig ist; spürbare Konsequenzen, wenn Dinge achtlos weggeworfen oder beschädigt werden.

Zentralnervöse Instanzen im Gehirn sind für das aggressive Verhalten des Menschen zuständig. Hormone (Androgene) und Hirnamine bewirken Schwankungen in der aggressiven Bereitschaft, und zwar unabhängig von Einflüssen aus der Umwelt. Unbestritten ist: Aggressivität beruht auf angeborenen Dispositionen, wird erlernt und durch Frustrationen ausgelöst. Das männliche Geschlecht hat ein Aggressionspotenzial, das um ein Vielfaches höher ist als das des weiblichen Geschlechts. Das Geheimnis des Erfolgs des männlichen Geschlechts: Mädchen und Frauen sind vorsichtiger und daher oft weniger durchsetzungsfähig.

Hinsichtlich physischer Aggressivität und beträchtlicher Gewaltbereitschaft dominieren weltweit die Männer. Gangs oder radikale Gruppierungen beispielsweise setzen sich aus Männern zusammen. Die meisten Gewaltverbrechen werden von Männern um die fünfundzwanzig Jahre verübt.

In diesem Alter ist der Testosteronspiegel, ein männliches Hormon, besonders hoch. An Verkehrsdelikten, ein anderes Beispiel, ist zu über 98 Prozent das männliche Geschlecht beteiligt. Das Verhältnis aller Gewalttaten von Männern und Frauen beträgt im Schnitt etwa 9 : 1. Weltweit lässt sich beobachten, dass Jungen in Spiel- und Ernstsituationen frühzeitig zu raufen und zu kämpfen beginnen. Mädchen nicht. Und zwar unabhängig von der sozialen Lage. Im häuslichen Bereich sind Mütter gegenüber Partnern oder Kindern durchaus körperlich gewalttätig. Geht es um den Schutz des eigenen Kindes, steigern sich Frauen in Kampfeslust. Dem Partner gegenüber kann es zu den folgenden Tätlichkeiten kommen: schlagen, treten, beißen, würgen oder werfen mit Gegenständen. Männer der Urzeit mussten um eine Frau gegen Rivalen kämpfen. Oder sie waren gezwungen, sich einen Kampf zu liefern, um sie gegen andere zu verteidigen. Außerdem galt es, die Gruppengemeinschaften vor Feinden zu schützen. Kampfbereitschaft und die Fähigkeit zum Kämpfen waren lebensnotwendig. Frauen bevorzugten für die Fortpflanzung kriegerische Männer. Siegertypen, so das instinktive Bewusstsein, schützen besser und zeugen mehr Kinder als Verlierer.

Ebenfalls angeboren sind bestimmte Bewegungsmuster, die während einer aggressiven Reaktion ablaufen. Dies konnte man bei taub und blind geborenen Kindern beobachten. In gereizter Stimmungslage legten sie die Stirn in Falten, stampften mit dem Fuß auf und ballten die Fäuste. Solche Angriffsbewegungen sind ritualisiert, im Erbgut kodifiziert und bei allen Menschen (und Menschenaffen) festzustellen. Derartige Bewegungsabläufe sind bei Kindern, die mit ihren Müttern einkaufen, dann gut zu beobachten, wenn sie ihren Wunsch nicht erfüllt bekommen. Denn ihre Emotionen kommen spontan zum Ausdruck. Ältere Brustkinder schlagen, je nach augenblicklicher Stimmungslage, ihre Mutter, wenn diese ihnen die Brust nicht zugänglich macht.

Für das Triebverhalten des Individuums ist charakteristisch, dass seine Triebstärke variiert. Nimmt das Hungergefühl zu, wächst die Triebstärke. Der Hungrige beginnt nach Nahrung zu suchen. Findet er zunächst keine, was jedoch in der Überflussgesellschaft unwahrscheinlich ist, intensiviert er seine Suche. Hat er schließlich welche „gefunden", beendet er sein Suchverhalten. Das Triebverhalten verläuft in vier Stufen: Triebstärke (Unruhe), Suchverhalten (Laufen), Triebhandlung (Essen) und Endhandlung (Sättigung). Die Triebstärke beim Sexualtrieb äußert sich im sexuellen Verlangen. Danach beginnt das Suchverhalten des Werbens, es folgt die Triebhandlung des Begattens mit anschließendem Orgasmus als Endhandlung. Wie der Aggressionstrieb zur Befriedigung gelangt, ist abhängig vom Aggressionsobjekt. Ein Aggressionsstau macht jemanden zum Angreifer. Er bewegt sich (geht, läuft) auf den Rivalen zu, beginnt zu kämpfen (stoßen, schlagen …). Die Triebbefriedigung tritt bei demjenigen ein, der aus dem Zweikampf als Sieger hervorgeht. Die Niederlage wird als Unlust, der Sieg als Lust empfunden.

Nach einer Sättigung (Nahrungstrieb) fällt die Triebstärke ab. Dies gilt ebenso für die übrigen Triebe. Ein zunehmendes Aggressionsgefühl endet mit dem Sieg über den Gegner. Nach einem Samenausstoß reduziert sich die Triebstärke des Sexualtriebes. Der Bewegungstrieb lässt sich dadurch abreagieren, indem man sich aktiviert. Er staut sich auf, wenn man zum Beispiel durch übersteigerten Medienkonsum lange Zeit körperlich passiv bleibt. Je länger die Triebbefriedigung aufgeschoben wird, desto mehr nimmt die Triebstärke zu. Der leere knurrende Magen ist der von innen kommende Reiz, der wahrgenommen und als Unlust und Unzufriedenheit erlebt wird. Triebbefriedigung wird als Lust empfunden.

Was ist der zentrale Antrieb menschlichen Verhaltens? Lustempfindungen unterschiedlicher Stärke erleben zu wollen. Triebe, also das, was den Menschen antreibt, steuern seine Aktivitäten. Sie werden begleitet von Instinkten und Emotionen. Ihre Funktion besteht darin, das Leben zu erhalten und das Überleben der eigenen Art fortzusetzen. Wer dies jetzt noch nicht erkannt hat, wird es spätestens am Ende seines Lebens begreifen.

Liebe, Eifersucht, Neid, Wut, Hass, Angst sind Bewegungen des Gemüts, die von innen kommen. Man nennt sie auch Gefühle oder Emotionen. Sie äußern sich im Zusammenhang mit Sinneswahrnehmungen und Verhaltensweisen. Lächeln beispielsweise bewirkt eine freundliche Stimmung, Weinen Traurigkeit. Subjektive Empfindungen treten spontan in Erscheinung. Als Instinktreaktionen lassen sie sich nicht mit dem Willen unterdrücken. Die Werbestrategen bedienen sich geschickt des Instinktapparates. Freundlich lächelnde Werbeträger mit erotisch-sexueller Ausstrahlung verfolgen uns auf Schritt und Tritt. Delikatessen oder Hunger lösen die Suche nach Nahrung aus. Der Satte sucht weiter nach einem Leckerbissen, um erneut seine Geschmacksnerven zu beleben. Ein angenehmer Reiz folgt. Der ziellos Gelangweilte hält nach passender Ablenkung Ausschau. Ein Schluck aus der Flasche befriedigt ihn kurzzeitig. Der Pubertierende jagt ständig erotischen Reizen nach. Ist kein Sexualpartner in der Nähe, schaltet er ein Medium ein: Fernseher, Video, DVD, um dort die entsprechenden Reize zu erhalten. Der aggressiv Gestimmte sucht aktiv eine Situation auf, in der er hofft, einen Nervenkitzel zu erleben. Dabei nimmt er die Schädigung des Opfers in Kauf: Gegenstand, Tier oder Mensch. Provokationen reichen meist nicht. Den anderen zu besiegen, befriedigt mehr. Wenn der Unterlegene nicht rechzeitig flieht, erleidet er eine Demütigung. Hält ihn die Neugier zurück, ob er den Gegner vielleicht doch bezwingen kann, muss er mit einer gänzlichen Niederlage rechnen.

Für den sexuell Getriebenen sind Pornos auf Dauer nicht ausreichend. Hat er die Person seiner Begierde entdeckt, steigert sich sein Interesse. Entdeckungsabenteuer dienen der Lust. Erfährt er Zurückweisung, ist er blamiert. Er tritt frustriert gegen das erste beste Ding in seiner Nähe. Nun eilt er nach Hause und fällt über das Essen her. Eine Fressorgie beginnt. Gestaute Aggressivität entlädt sich.

Jedem wird deutlich, dass die einzelnen Antriebe nicht getrennt wirken. Es entstehen Wechselwirkungen. Ein frustrierter Nahrungs-, Bewegungs-, Sexual-, Aggressions- oder Neugiertrieb kann in Gewalttätigkeit münden. Alltagssituationen und Armutsgesellschaften sind Beispiele. Eingesperrt auf engem Raum, Hunger leidend, dazu ohne sexuelle Kontakte, steigern die Gewaltbereitschaft: ob gegen sich selbst oder gegen andere. Beispiele sind: Selbstmord, Selbstmordattentat, Terror. Bleibt die aufgestaute Triebenergie unbefriedigt, kann aus dem zuvor Friedlichen eine unkontrollierte Bestie werden.

Eine Triebhandlung kommt nur dann zustande, wenn innere und äußere Reize sie auslösen. Äußere und innere Reize wechseln. Sie können schwach oder stark sein. Ein Triebverhalten beginnt, wenn die Triebstärke, der innere Reiz, hoch ist. Der aus der Umgebung kommende, der äußere Reiz, kann dabei durchaus schwach sein. Eine niedrige Triebstärke und ein hoher Außenreiz lösen ebenso Triebhandlungen aus.

Konsum- und Medienreize etwa lassen die innere Triebstärke anwachsen. Das Suchverhalten nach Befriedigung beginnt.

Niemand verzichtet so ohne weiteres auf Lust, Kinder am allerwenigsten. Ein Kleinkind ist noch nicht fähig, sein Triebverhalten über die Reflexion zu steuern, viel weniger zu kontrollieren. Hat es Durst, trinkt es. Ist der Durst gelöscht, besteht die Möglichkeit, dass es erneut zugreift, wenn ein reizvolles Getränk griffbereit in der Nähe steht. Triebkontrolle und Triebaufschub sind noch undenkbar.

Im häuslichen Milieu der Wohlstandsgesellschaften steht fast alles jederzeit zur Verfügung. Das verführt, über das Grundbedürfnis hinaus, zu fortwährender Verinnerlichung von Nahrung. Jedes fünfte Kind und jeder dritte Jugendliche in Deutschland haben Übergewicht. Durch das ständige Vorhandensein von Nahrungsmitteln und der sofortigen Verfügbarkeit mütterlicher Zuwendung verfestigt sich im Kind die Einstellung, die Befriedigung seiner Bedürfnisse habe stets und unmittelbar zu erfolgen. In Familien, in denen eine Bezugsperson aus beruflichen Gründen häufiger abwesend ist, sind die Gefährdungen nicht geringer. Dann bedienen sich Kinder selbst. Mütter von Einzelkindern, mit viel Zeit, lassen sich oft von ihrem Nachwuchs dressieren. Bereits nach geringfügigen Signalen springen sie herbei. Hier beginnt die Verwöhnung. Und setzt sich in allen Bereichen fort: auf dem Gebiet der Spielsachen, Kleidung, Ordnung usw.

Immer mehr Kinder, schon als Grundschulkinder, verfügen zu Hause über drei eigene Räume: ein Schlafzimmer, ein Fernseh- und Spielzimmer, ein „Chaoszimmer".

Der Verwöhnungsmechanismus ist einfach: Konsum- und Medienreize im Umfeld erregen die Bedürfnisse. Mütter oder andere Bezugspersonen sind dem bittenden und bettelnden Erwartungsdruck ausgesetzt und geben zu oft nach. Gegen die eigene Überzeugung. Mit anderen Worten: Obwohl nach einer Triebbefriedigung kein notwendiges Bedürfnis nach mehr besteht, wird dennoch ein neues Bedürfnis provoziert, und zwar durch von außen kommende Impulse. Dies lässt sich am Beispiel der Nahrung veranschaulichen: Kinder wachsen in einer Umwelt mit einem Überangebot an Nahrungsmitteln auf. Sie sind ständig einer aggressiven Essenswerbung ausgesetzt. Regelmäßige Mahlzeiten in der Familie finden nur noch eingeschränkt statt. Kinder werden mit diesem Überfluss an Nahrung weitgehend allein gelassen. Sie bedienen sich jederzeit nach Lust und Laune.

Eine weitere Problematik stellt sich so dar: In Mangelgesellschaften der Vergangenheit musste man Nahrung aktiv aufspüren. Bewegung war unabdingbar. Für die Ernährung hierzulande ist keine Anstrengung notwendig. Ein über Stunden fernsehkonsumierendes Kind isst nebenher Snacks oder Sonstiges. Es bleibt körperlich passiv. Die Triebbefriedigung des Essens verringert das vielleicht anfängliche Hungergefühl. Durch Nichtbewegung steigt die Triebstärke des Bewegungsdrangs. Motorische Unruhe baut sich auf. Es wird erneut genascht.

Das Bewegungsbedürfnis, ein naturgegebener Trieb, ist bei Kindern besonders stark. Energiestaus streben nach entspannender Befriedigung. Werden sie nicht ausreichend abreagiert, kanalisieren sie sich in zunehmender körperlicher Unruhe. Diese Unruhe äußert sich in unterschiedlichen Formen: Kinder können sich nicht konzentrieren, sind unordentlich, rutschen auf ihrem Stuhl hin und her, springen spontan auf, laufen unruhig umher, klopfen auf den Tisch, nehmen dem Sitznachbarn etwas weg, schubsen, stoßen, rempeln, schreien plärren usw. Aufmerksames Arbeiten während des Unterrichts ist nur sehr eingeschränkt möglich. Von solchen Verhaltensauffälligkeiten sind Jungen sehr viel häufiger betroffen als das andere Geschlecht.

Die Zahl der Kinder, die in der Schule nicht ruhig sitzen können, schätzt man gegenwärtig auf etwa 40 Prozent. Die Extremfälle bezeichnet man als Zappelphilippe.

Deren Zahl liegt sehr viel niedriger, hat aber in den letzten Jahren erschreckend zugenommen. Gesicherte Erkenntnis ist, dass für ein solches Syndrom eine genetische Bereitschaft besteht. Nur: Erziehung, Familie und Umwelt beeinflussen nachhaltig, wie sich diese Veranlagung zur Hyperaktivität ausformt. Dieses Verhalten ist deutlich seltener bei Mädchen zu registrieren.

Diese Kinder leiden darunter, dass sie ihre gefühlsgesteuerten Impulse gar nicht oder nur begrenzt kontrollieren können. Der motorische Bewegungsdrang wird durch mangelnde körperliche Abreaktion zusätzlich verstärkt. In einer agrarisch-handwerklichen Gesellschaft fielen solche Kinder weniger auf. Aktives Mithelfen von klein auf, Spiel und Bewegung im Freien waren eine tägliche Selbstverständlichkeit.

Bereits Grundschüler verbringen durchschnittlich neun Stunden am Tag im Sitzen und nur eine in Bewegung. Artgerecht wären dagegen vier bis fünf Stunden!

Heute sitzen Kinder und Jugendliche bis zum achtzehnten Lebensjahr 18 000 Stunden vor einem Bildschirm und 15 000 Stunden in der Schule. Unter den verhaltensauffälligen und -gestörten Kindern leiden Lerndisziplin und Lernerfolg aller Schüler in Deutschland. Wenn von den 18 000 Stunden der körperlichen Passivität nur die Hälfte für motorische Bewegungen ausgefüllt würde, stellte sich

Hyperaktivität als nicht so dramatisch dar und die Chancen für eine angemessene Entwicklung wären größer.

Oft gehen mit dieser Ruhelosigkeit Konzentrationsschwächen einher. Weibliche und männliche Erzieher oder Betreuer ermahnen oder strafen solche Kinder häufiger als andere, besonders wenn sie beispielsweise in Lernsituationen nicht aufpassen oder die Arbeitsatmosphäre stören. Konflikte nehmen dadurch in den Interaktionen zu und werden von den Betroffenen als Frustrationen erlebt, die Anzahl und Intensität aggressiver Verhaltensweisen erhöhen.

Die Fitness 10- bis 14-jähriger Schüler ist innerhalb der letzten Jahre um mehr als 20 Prozent zurückgegangen. Das ist das Ergebnis einer Studie der AOK, des Deutschen Sportbundes und des Wissenschaftlichen Instituts der Ärzte Deutschlands. Als Hauptgrund werden genannt: ein gestiegener Medienkonsum und ein ungenügendes Sportangebot an den Schulen. Der Fitnessrückgang bezieht sich sehr stark auf den Ausdauerbereich. Eine Negativentwicklung ist besonders bei den jüngeren Jahrgängen festzustellen. Kinder insgesamt, ob in Familie oder Kindergarten, bewegen sich nicht in dem Maße, wie es ihrem natürlichen Aktivitätsbedürfnis entspricht. Das hat weitreichende Folgen, teils lebenslang. Hinzu kommt eine weitverbreitete ungesunde Ernährung mit Übergewicht.

Zu Hause erwarten Eltern Hilfen, zum Beispiel in Form einer Besorgung. Momentane Medienbeschäftigung bewirkt dann: Ich hab keine Lust zum Gehen, fahr mich.

Eine verfestigte Passivität wirkt sich auch in der Weise aus, dass Kinder oft zu bequem sind, in ihrem eigenen Zimmer aufzuräumen. Unordnung und Chaos haben sich mehr und mehr ausgebreitet.

In der Schule erfordert ein Projekt bestimmte Materialien. Viele Schüler sind zu bequem, sie sich einen Tag vorher zu beschaffen. Oder im Sportunterricht üben Lehrer nicht an Geräten (Reck, Barren ...), weil Schüler die Anstrengung verweigern. Fakt ist: Zu viele Schüler widerstehen bei Arbeitsaufgaben, die Anstrengungsbereitschaft abverlangen. Es wird sich erst gar nicht um Problemlösungen bemüht. Körperliche Inaktivität begünstigen geistige Passivität, Muskel- und Denkfaulheit.

Weitere Problembereiche sind: Aggressives Verhalten ist in Konfliktsituationen des Alltags nicht allein erziehungsbedingt. Es beruht zusätzlich auf angeborenen Programmen. Bislang fehlen Untersuchungen, die nachweisen, in welchem Verhältnis psychische und physische Aggressivität beim männlichen und weiblichen Geschlecht verteilt sind. Die tägliche Beobachtung zeigt, dass körperliche Aggressivität beim männlichen Geschlecht häufiger vorkommt. Psychische Formen sind nach meiner Einschätzung öfter bei Mädchen und Frauen festzustellen. In der Alltagswirklichkeit und in den Medien fällt eine größere physische Gewaltbereitschaft von Jungen und Männern ins Auge. Psychische Gewaltformen bleiben verständlicherweise weitgehend im Verborgenen. Physische und psychische Gewalt von Frauen und Männern gegen Kinder (Mädchen und Jungen) findet man vor allem im häuslichen Bereich. Weibliche Gewalt – psychische, physische und sexuelle – wird oft verschwiegen, relativiert und bagatellisiert. Sie ist keinesfalls ein Mythos, obwohl Dunkelziffern keine eindeutige Statistik zulassen. Die Fakten: In allen westlichen Gesellschaften bilden die Frauen gegenüber den Männern die Mehrheit. Dennoch sind die Männer in der Kriminalitätsstatistik um ein sensationell Vielfaches vertreten.

Beispiele: Der Anteil der weiblichen Strafgefangenen beträgt nicht einmal 1 Prozent. Über 90 Prozent der Opfer von Sexualdelikten sind Frauen. Bei Mord und Totschlag liegt der Anteil der Männer bei 87 Prozent (Frauen 13 Prozent). Vergewaltigung und sexuelle Nötigung: Männer 98,9 Prozent (Frauen 1,1 Prozent). Raubdelikte: Männer 90,4 Prozent (Frauen 9,6 Prozent). Gefährliche und schwere Körperverletzung: Männer 85,3 Prozent (Frauen 14,7 Prozent). Ladendiebstahl: Männer 65,7 Prozent (Frauen 34,3 Prozent). Betrug: Männer 73 Prozent (Frauen 27 Prozent). Ein Vergleich der Daten von 1993 mit 2002 ergibt folgendes Bild: eine Erhöhung der männlichen Tatverdächtigen um insgesamt 27,5 Prozent, bei den unter 14-Jährigen um 52,5 Prozent und bei den 14- bis 18-Jährigen um 52,5 Prozent.

Sorge bereitet eine zunehmende Gewaltbereitschaft bei Kindern und Jugendlichen. Beispiel: Lag der Gegner am Boden, beendete man den Zweikampf (früher). Heute wird noch mal nachgetreten. Immer häufiger eskalieren harmlose Prügeleien zu lebensgefährlichen Auseinandersetzungen, bei denen zunehmend Waffen zum Einsatz kommen. Ergebnis: Abweichendes Verhalten bei allen Delikten ist eine Männerdomäne. Die Anzahl der männlichen Straftaten ist in den letzten Jahrzehnten erschreckend gestiegen!

Äußerst bedenklich: Der Anteil der weiblichen Tatverdächtigen, besonders bei jungen Menschen, hat deutlich zugenommen. Seit 1995 ist die Zahl der Straftaten junger Mädchen (bis achtzehn Jahre) bundesweit um 28 Prozent gestiegen. Frauen und Mädchen praktizieren brutalere Formen der Gewaltausübung als in der Vergangenheit. Sie sind immer häufiger an Schlägereien, Körperverletzungen, Mord und schwerem Raub beteiligt. Auf das Bundesland Hessen (Deutschland) bezogen, ergibt sich gegenwärtig folgendes

Bild: Die Zahl der weiblichen Tatverdächtigen ist zwischen 1993 und 2002 um 34,7 Prozent angewachsen, der unter 14-Jährigen um 124 Prozent und der 14- bis 18-Jährigen um 104,1 Prozent.

Betrachtet man die absoluten Zahlen, liegt die Zahl der weiblichen Tatverdächtigen noch immer auffallend niedriger als die der männlichen (2002): 1 330 763 (männlich), 428 468 (weiblich). Dennoch muss über die enorme Steigerung in diesem Bereich beim weiblichen Geschlecht nachgedacht werden.

Eine zunehmende Desorientierung im Identifikationsprozess, bedingt durch Elternhaus, Medien, Konsumwelt, außerfamiliärer Gruppen und weitere Negativreize des gesamten Umfeldes, müssen bei der Suche nach den Ursachen einbezogen werden.

Aufgrund meiner Beobachtungen und dem jahrzehntelangen Umgang mit beiden Geschlechtern bin ich davon überzeugt: Mädchen und Frauen, erb- und erziehungsbedingt, neigen weniger zu physischer Gewalt.

Wer bislang glaubte, Foltern sei eine reine Männerdomäne, muss jetzt seine Meinung gründlich ändern. Die US-Militärpolizistin Lynndie England praktizierte im irakischen Gefängnis von Abu Ghoreib obszöne Gesten gegenüber nackten Gefangenen. Eine junge Soldatin zog einen auf dem Boden liegenden Mann wie einen Hund an einer Leine hinter sich her. Das weibliche Geschlecht ist ebenso wie das männliche zu peinigender Folter fähig. Für Gefängnisterror durch die Sieger gibt es zahlreiche historische Beispiele. Frauen sind an beiden Formen, der psychischen und physischen Gewaltanwendung, beteiligt. Direkte physische Gewalt verübten beispielsweise über eine Million Frauen, die für die Sowjetunion im Zweiten Weltkrieg ins Feld zogen. Die Französische Revolution von 1789 begann mit dem Marsch nach Versailles. Er wurde von Frauen angeführt. Sie hinterließen Spuren des Terrors. Oder: Grausame Aufseherinnen in Konzentrationslagern der Nazis brachen den Willen der Opfer. Selbstmordattentäterinnen und Rebellinnen sind weitere aktuelle Beispiele aus jüngster Zeit. Mitverantwortlich für den Irakkrieg ist die gewaltbereite Rice, die damalige Sicherheitsberaterin des US-Präsidenten Bush.

In und nach einem Krieg entlädt sich der menschliche Aggressionstrieb, aufgestaut durch vielfältige Frustrationen im Alltagskampf. Beide, Sieger und Verlierer, foltern. Brutalste Formen verknüpfen sich mit der Triebdynamik der Sexualität, der Macht und Neugier. Primärmotiv ist das Erleben einer Art Lustrausch des Überlegenen durch demütigende Herabsetzung des Opfers. Die totale Schwellenerniedrigung schaltet moralische Hemmungen aus. Die letzten Tabus fallen.

Je stärker der innere und äußere Reiz, desto größer wird die Wahrscheinlichkeit, dass es zur Schwellenerniedrigung und damit zum aggressiven Verhalten kommt. Hunger und Armut wecken den Wunsch nach Bedürfnisbefriedigung, Sättigung und Reichtum die Lust nach mehr. Kinder, die in der Durchsetzung ihrer Bedürfnisse überwiegend erfolgreich sind, entwickeln eine hohe Aggressionsbereitschaft. Drohen Wünsche nicht erfüllt zu werden, reagieren sie aggressiv. Nachgiebigkeit begünstigt ein solches Verhalten.

Die Familie ist der Ort, wo neben angeborenen Dispositionen Aggressivität und Gewalt entstehen und sich verfestigen können. Die Wahrscheinlichkeit eines solchen Verhaltens erhöht sich, wenn junge Menschen besonderen Risikofaktoren ausgesetzt sind, zum Beispiel: soziale Isolation der Familie, desolate Wohnverhältnisse, aggressives Wohnumfeld,

Erziehungsunfähigkeit, Partnerkonflikte, Trennung der Eltern, fehlender emotionaler Halt, Vernachlässigungen, Misshandlungen, Arbeitslosigkeit, Existenzkrisen, Alkohol usw. Das so erworbene antisoziale Verhalten äußert sich dann in Kindergarten, Hort, Schule oder anderswo. Aggressives Verhalten entsteht auch außerhalb der Familie, und zwar durch Einflüsse von Gleichaltrigengruppen. Für die Identitätsentwicklung sind sie von zentraler Bedeutung.

Neigen Mütter stärker zum Nachgeben als Väter? Darüber gibt es keine wissenschaftlichen Aussagen. Tatsache ist: Väter spielen im Erziehungsprozess rein zeitlich eine unbedeutende Rolle. Entsprechend darf man den Schluss ziehen: Die Erziehungswirkung von Müttern und Frauen ist im Alltag eine größere. Kinder sind ständig real und durch Werbung den Warenangeboten ausgesetzt. Mütter gehen mit ihren Kindern einkaufen. Kinder quengeln. Mütter geben nach.

5. Ernährungsangebote und Essgewohnheiten schwächen die Selbstkontrolle

These: Das Überangebot an Nahrungsmitteln, das ständige Verwöhntwerden und das sich Selbstverwöhnen führen zu Übergewicht. Mütter übertreiben oft ihre Fürsorglichkeit. Motorische und geistige Passivität sind die Folge. Zusätzlicher extremer Medienkonsum verstärkt den Bewegungsmangel. Immer mehr Heranwachsende leiden unter Störungen des Bewegungsapparates.

Innerhalb der EU stehen die deutschen Männer an der Spitze der Rangliste der Übergewichtigen. An letzter Stelle liegt Italien. Von zehn deutschen Frauen sind fünf zu schwer. Je schlechter Bildungsstand und Einkommen sind, desto übergewichtiger ist der erwachsene Deutsche. Zwischen dem zehnten und achtzehnten Lebensjahr verzehren Jungen deutlich mehr Fleisch und Wurst als Mädchen. Der Anteil der übergewichtigen Kinder und Jugendlichen nimmt weiter zu. Gefährdet ist: Wer sich wenig bewegt, viel und ungesund isst. Für extrem Schwergewichtige wäre nicht einmal übermäßiges Joggen ausreichend. Wer Sport treibt, ernährt sich dagegen gesünder. Deren Zahl ist größer geworden. Daher kann man gleichzeitig beobachten, dass die Anzahl der schlanken Kinder zugenommen hat.

Bundeswehrärzte beklagen die Ess- und Lebensgewohnheiten des soldatischen männlichen Nachwuchses. Es wird befürchtet, dass die Zahl der übergewichtigen Untrainierten und damit der Anteil der Leistungsunfähigen weiter steigt.

Wie Tests beweisen, ist es in nur fünf Jahren zu einem deutlichen Absinken der physischen Leistungsfähigkeiten gekommen. Bei den Abiturienten stieg die Durchfallquote um 35 Prozent. Noch höher lag sie bei den Haupt- und Realschülern.

Langzeittests mit 3- bis 15-Jährigen haben nachgewiesen: Zu viel Fernsehen macht Kinder dick. Mädchen sind besonders betroffen, obwohl sie im Vergleich zu Jungen zeitlich weniger fernsehen. Grundsätzlich kommt es zu Übergewicht, wenn ein Mensch über längere Zeit mehr Energie aufnimmt, als sein Körper verbraucht. Der hohe Konsum von Fabrikzucker und Auszugsmehlen gilt als Hauptauslöser der Diabetes-Erkrankung. Mehr als 4 Millionen Deutsche leiden darunter.

Wie hat sich der Mensch ursprünglich ernährt, als er wie ein Tier in der Natur lebte? Überwiegend von pflanzlicher Kost. Seine Ernährungswerkzeuge (Gebiss) sind nicht wie die eines fleischfressenden Raubtieres ausgelegt, das Beute schlägt. In Zeiten knappen pflanzlichen Nahrungsangebots war er gezwungen, Fleisch als Nahrungsquelle zu bevorzugen. Der Überlebenskampf abverlangte Bewegung, körperlich Arbeit und führte zu einem entsprechenden Energieverbrauch.

Die Nährstoffe Fett und Zucker sind Energieträger. Sie schmeicheln den Geschmacksnerven. Daher bevorzugen wir Nahrungsmittel, die sie beinhalten. Eine fett und zuckerhaltige Kost kommt uns Menschen instinktiv entgegen. Ein Überangebot an Nahrungsmitteln in den Wohlstandsregionen verführt ständig, der Ess- oder Fresslust nachzugehen, und zwar weit über das Notwendige hinaus. Ganz einfach: Wer mehr Energie zu sich nimmt, als er verbrennt, nimmt zu.

Kindern wird Bewegung regelrecht abgewöhnt. Von der Babytragetasche kommen sie in die Babywippe, von dort in den Kinderautositz. Dann sitzen sie in der Schule, bei den Hausaufgaben, vor einem digitalen Medium und abends noch vor dem Fernseher.

Fettes und Süßes erhöht im Blut die Konzentration der Aminosäure Tryptophan. Diese wird im Gehirn für die Produktion des körpereigenen Serotonins benötigt, ein Botenstoff, auch Glücksdroge genannt. Serotonin wirkt stimmungsaufhellend. Schokolade und Snacks, kohlenhydrat- und fettreich, können die Laune heben.

Der Mensch ist wechselnden Stimmungen unterworfen. Er isst und trinkt nicht nur aus Hunger- oder Durstgefühl. Langeweile, Einsamkeit oder Frust motiviert ihn gleichermaßen zu Ersatzbefriedigungen. Sein Bedürfnis zu essen kommt entweder von innen oder von außen. Durch zufälligen Blickkontakt mit einem Nahrungsmittel kann er im Augenblick so gereizt werden, dass ihm nichts anderes übrig bleibt, als spontan zu zugreifen. Wir kennen das: Ein offener Kühlschrank macht ebenso schwach wie ein geschlossener. Allein der Gedanke der Anwesenheit von etwas Schmackhaftem stimuliert und mobilisiert dazu, die Nahrungsquelle aufzusuchen. Je reizvoller, desto verführerischer. Allein die Erwartung von Nahrung löst Hunger aus. Hat man sich willensstarken Verzicht auferlegt, gibt man plötzlich gegen jede Vernunft nach. Die Empfindung bevorstehender Lust lässt die anerzogene oder auferlegte Hemmung vergessen. Wir kennen die Redewendung: Ich habe gesündigt.

Essgewohnheiten entwickeln sich je nach Kultur, Angebot und Bedürfnis unterschiedlich. In einer global vernetzten, arbeitsteiligen Kommunikationsgesellschaft findet ein Austausch an Nahrungsmitteln und Esstraditionen statt. Das

Angebot an natürlichen und industriell erzeugten Lebensmitteln wächst ständig. In kurzen Zeitabständen erobert ein neues Produkt den Markt. Innerhalb eines Jahres boten die Lebensmittelkonzerne 311 neue Tütensuppen, 584 Feinkostsoßen, 1 561 Schokoladen und 2 505 alkoholfreie Getränke an. Industrielle Massenware wird – eine Verkaufsmanipulation – auf „Natur" geschminkt.

Die Landwirtschaft in den Industriestaaten produziert effizient. Ein Überangebot an Nahrungsmitteln ist vorhanden. Die Lebensmittelkonzerne sind daran interessiert, dass die Menschen mehr essen. Wird das Überangebot verkauft, wächst die Industrie. Die einzelnen Firmen konkurrieren miteinander. Jede versucht auf dem Markt größere Anteile zu ergattern. Empfehlungen, sich gesünder zu ernähren, scheiterten bisher. Die Neigungen der Verbraucher beeinflussen die Hersteller. Umgekehrt: Produzenten und Verkaufsstrategien wirken auf die Geschmacksrichtung ein und bestimmen dadurch das Verhalten der Konsumenten. Erfolgreich sind die Werbeeinflüsterungen der Fast- und Functional-Food-, Wellness-, Schokoriegel- und Knabberzeughersteller. Der zunehmende Trend „Eating by walking" spiegelt sich in den zig Tausenden von Würstchen-, Döner-, China-Imbissen und Pizzaständen wider.

Die falschen Werbeversprechen der Industrie und der Hinweis auf die glücklich, gesund, fit oder cool machende Wirkung ihrer Produkte verführen. Die Größe der Verpackungen ist gewachsen: die Tüte Gummibärchen oder Kartoffelchips, der Becher Cola oder Fanta. Übermaß und Verlangen nach mehr werden so gefördert. Das Gehirn begehrt den nächsten Kick durch einen Snack.

Nur noch etwa 12 Prozent ihres Budgets geben die Deutschen heutzutage für Nahrungsmittel aus. Ende der Siebzigerjahre waren es noch 20 Prozent. Wirklicher Hunger kommt hierzulande nur noch vereinzelt vor. Wo, wann und wie jemand etwas zu sich nimmt, kann die Mehrheit der Bevölkerung nach dem augenblicklichen Lustgefühl entscheiden. Nicht viel weniger als die Hälfte frühstücken unter der Woche nicht zu Hause. Immer häufiger kommen Schüler ohne Pausenbrot zur Schule. Junge Paare ohne Kinder essen zunehmend abends etwas Warmes anstatt mittags. Ein ähnlicher Trend zeigt sich bei Familien mit Kindern und Jugendlichen. Denn die Zahl der Frauen wächst, die während der Woche einfach keine Neigung verspüren, richtig zu kochen. Essengehen ist kein Statussymbol mehr. Das Lustprinzip steht im Vordergrund, selbst wenn man sich auf Pump ein luxuriöses Mahl leistet. Kulinarische Neugier kann durch die verlockenden Angebote an jeder Ecke unmittelbar befriedigt werden. Es stellt keinen Gegensatz dar, wenn man mittags einen Big Mac und abends eine Lammkeule isst. Sich selbst zu verwöhnen, ist Lieblingsbeschäftigung der Passiven und Gestressten: mit Schokogenüssen, Knabbersnacks und alkoholischen Getränken.

In meiner Kindheit und Jugend war das Konsumangebot in jeder Hinsicht bescheiden. Die meisten Familien verfügten nur über ein geringes Einkommen. Erledigungen machte man entweder zu Fuß oder mit dem Fahrrad. Wäsche waschen und Geschirr spülen verlief ohne Haushaltsmaschinen. Mühsam war es, Brennholz mit einem Handwagen aus dem Wald zu holen, es zu sägen, zu hacken, in den Keller zu tragen und aufzuschichten. Ganz zu schweigen davon, Gartenland mit einem Spaten umzugraben. Kinder und Jugendliche mit einem landwirtschaftlichen Familienbetrieb hatten noch mehr zu tun. Tägliche Ablenkungen durch Medienkonsum gab es nicht. Freizeit blieb da wenig.

Man spielte auf der Straße, in Wald und Feld. An Bewegungsmangel litt niemand. Die meisten waren abgehärtet, muskulös und schlank.

Jeder fünfte der 5- bis 18-Jährigen in Deutschland ist heute übergewichtig – mit steigender Tendenz. Über- und Fehlernährung und Bewegungsmangel sind die Hauptursachen. Dramatisch: Bis zu 40 Prozent bei den 10-Jährigen leiden massiv an Übergewicht. Bis zum achtzehnten Lebensjahr verbringen junge Menschen mehr Zeit vor einem Bildschirm als in der Schule. Besteht eine genetische Bereitschaft zum Übergewicht, gilt die Aussage: Je länger man glotzt, desto fetter wird und ist man.

In den Sechzigerjahren begann ich in einem Ausbildungspraktikum Sport zu unterrichten. Auffallend dicke Kinder gab es nur vereinzelt. Innerhalb von etwa vier Jahrzehnten hatte ich die Möglichkeit, den Fitnessrückgang zu beobachten. Die Auswirkungen sind unübersehbar. In Grundschulen stiegen in den letzten Jahren die Unfallzahlen aufgrund von Koordinationsstörungen der Motorik. Im Sportunterricht verzichten Lehrer auf bestimmte Übungen. Wer schafft noch einen Unterschwung am Reck oder Schwünge am Barren? Die „Möpse" sind einfach nicht dazu in der Lage. Beim Rumpfbeugen sind viele unfähig, den Boden mit den Fingerspitzen zu berühren. Auf dem Schwebebalken das Gleichgewicht zu halten können nur noch wenige. Die Bundeswehr beispielsweise beklagt inzwischen, dass Haltungsschäden, Gelenk- und Wirbelsäulenprobleme zu mehr und mehr Ausmusterungen führen.

Übergewicht fördert Krankheiten: am Herz, im Darm, in Leber und Galle, am Skelett. Die Kinder mit Diabetes werden immer jünger. Verfettete Kinder und Erwachsene zu behandeln kostet das Gesundheitswesen jährlich zig Milliarden. Fit und gelenkig ist nach meiner Schätzung nur noch ein Drittel der Kinder. Vor fünfzig Jahren waren es mindestens zwei Drittel. Hinzu kommt gegenwärtig der Problembereich der Verhaltensauffälligkeiten.

Übergewicht begünstigt Passivität auch im geistigen Bereich. Hier hat die Leistungsfähigkeit mehr und mehr abgenommen. Besonders Jungen sind stärker von Sprach- und Verhaltensstörungen betroffen. Die schulische Leistungsfähigkeit liegt bei Mädchen höher. Im kindlichen Entwicklungsprozess entfalten sich die kognitiven Fähigkeiten in Verbindung mit Bewegungen. Greifen, Tasten, Formen und Gestalten verlaufen über die Hände. Neugieriges Erkunden und Erforschen setzt Körperbewegung voraus. Dicke Kinder, von der Gruppe gehänselt und gemobbt, werden zu Außenseitern. Durch den ständigen psychischen Druck verschlechtern sich ihre Leistungen.

Das riesige Angebot an industriell hergestellter Nahrung ist verführerisch. Schnell greift die verantwortliche Bezugsperson zu dem, was die Nahrungsaufnahme erleichtert. Die Bequemlichkeit beginnt, Routine setzt ein, und schließlich denkt man nicht mehr darüber nach, welche Ernährungsweise natürlich und gesund ist. Dreiste Werbelügen, Kinderkost mit Spaßfaktor verführen Eltern zur falschen Kaufentscheidung. Je mehr Essen ein Kind vor sich hat, desto mehr langt es zu. Sättigung ist keine Essbremse.

Ungefähr 60 Prozent der Neugeborenen trinken in den ersten Wochen Muttermilch. In den letzten Jahrzehnten ist der Anteil derjenigen, die nicht gestillt werden, gewachsen. Eine unnatürliche Entwicklung! Zu den Mahlzeiten stehen mehr Alternativen an fester und flüssiger Nahrung zur Verfügung als jemals zuvor. Das Kleinkind, das das dargereichte Essen zurückweist, hat schon in der frühen Phase die Chance, Ersatz zu erhalten. Abwehrhaltungen zu Beginn einer Mahlzeit bewirken bei den meisten Müttern, ein anderes Nahrungsmittel unmittelbar bereitzustellen. Je häufiger ein Kind in der Durchsetzung seiner Interessen erfolgreich ist, desto öfter wächst die Bereitschaft zum Nachgeben. Die Beziehungsperson lässt sich dressieren. Knatscht das Kind bei einer Mahlzeit und bekommt augenblicklich seinen „Willen" nicht, reagiert es streitsüchtig. In zukünftigen Situationen nehmen die Abwehrbewegungen gegenüber dem Essen die unterschiedlichsten aggressiven Verhaltensformen an. Mütter stellen zu den Mahlzeiten oft ein zu reichhaltiges Angebot bereit. Es besteht ja die Möglichkeit. Die Köchin weiß, was den einzelnen Familienmitgliedern mundet. Häufig bekommt der Nachwuchs eine Extrakost, weil ihm das Vorhandene nicht schmeckt. Es gibt Familien, da erhält jeder sein momentanes Lieblingsgericht. Zusätzlich wird man animiert, obwohl bereits satt, von dem Überangebot nochmals zu zugreifen.

Wenig oder keine Bewegung der Bildschirmgeneration und dazu die Kalorienbomben Fett und Zucker sind widernatürlicher Unsinn. Mangelnde Bewegung führt zu Energiestaus, die in verstärkter Aggressionsbereitschaft münden. Nach meinen Recherchen ist besonders die Jungengeneration betroffen.

Leitlinie muss sein: Wie hat sich der Mensch unter natürlichen Lebensbedingungen ernährt, bevor Nahrung als Massenprodukt industriell produziert wurde? Unsere technologische Umwelt erzieht zu körperlicher Inaktivität. Also benötigt man weniger Fett und Zucker als Energiequelle. Verbot verantwortungsloser Werbung. Süßigkeitsangebote haben in Schulen nichts zu suchen. Verpflichtung der Lebensmittelanbieter zu kalorienarmer, gesunder Nahrung. Aufgabe der Bequemlichkeitshaltung. Botschaft: Reduzierung des Bildschirmkonsums, mehr und regelmäßige Bewegung.

Damit ein Schüler den täglichen Anforderungen in der Schule gewachsen ist, muss er sich entsprechend ernähren. Schon beim Frühstück sollten Eltern darauf achten, dass sich ihr Kind ausgewogen ernährt. Das heißt: Optimale Durstlöscher sind Mineralwasser, Fruchtsaftschorlen oder ungesüßte Tees. Für eine stetige Energiezufuhr sind reichlich Kohlenhydrate, Vitamine, Mineralstoffe, Eiweiß und Ballaststoffe notwendig. Leistungsfördernd wirken vier Bestandteile: ein Vollkorn- und Milchprodukt, ein Stück Obst oder Gemüse, ausreichend Flüssigkeit. Bei dem Vollkornprodukt kann es sich um Brot, Mehrkornbrötchen oder ein Müsli handeln. Für den Brotbelag eignen sich magere Käse- und Wurstsorten oder vegetarische Brotaufstriche. Einen Schuss Eiweiß bekommt man durch ein Glas Milch, Joghurt oder Quark. Bei Obst und Gemüse empfehlen sich heimische Saisonprodukte. Geeignet sind Möhren, Paprika, Gurken oder Kohlrabi.

Die Kritik darf die Fernsehmacher nicht aussparen. Der Bildschirm weckt besonders bei Vielsehern falsche Bedürfnisse. In Trickfilmen beispielsweise bestehen etwa 30 Prozent der Nahrung aus Snacks oder Naschwerk. Bei 25 Prozent aller Speisen handelt es sich um Süßes oder Fettes mit geringem oder keinem Nährwert. TV-Helden achten kaum auf ihre Gesundheit. Alkoholische Getränke sind ständig präsent.

6. Konsumzwang und Sucht

These: Die Einflüsse der Konsumwelten und ein Zuviel an Geld in den Finger von Kindern und Jugendlichen führen zu Zwängen, die bei vielen Heranwachsenden zur Sucht führen. Mutter, Vater, Großeltern verstärken durch zu häufiges Nachgeben die Problematik. Die Ablenkungen bewirken, dass Leistungsbereitschaft geschwächt und zunehmend verweigert wird.

Die Studie „Bravo Faktor Jugend" hat ermittelt, dass die 12- bis 18-Jährigen mehr als hundertdreißig Modemarken und -ketten kennen. Das Konsumbewusstsein der Kinder hat sich in den letzten Jahren auffallend verändert. In Deutschland gibt es etwa 3,5 Millionen Einzelkinder unter zehn Jahren. Großeltern und Eltern widmen ihnen ihre Aufmerksamkeit. Durch die schwindende Kinderzahl nimmt die Anzahl der Konsumenten ab. Also müssen sich die Unternehmen immer etwas Neues einfallen lassen, um weniger Kindern mehr zu verkaufen. Marketingmanager und Werbung werden anhaltend dreister. Unlängst waren in einem Katalog eines Warenhauses Stringtangas für 3- bis 4-jährige Mädchen ab Größe 104 abgebildet. SMS- und Internetkampagnen locken zum Kaufen an. Die Verführungen sind so wirkungsvoll, dass der individuelle Geschmack zugunsten eines kollektiven Geschmackdrills zurückgeht. Die Firma Nike zum Beispiel stattet ihre virtuellen Sportler in Computerspielen mit Nike-Stiefeln aus.

Unternehmen, wie Ferrero, Haribo und andere, verschweigen wohlweislich, wie viele Milliarden sie für Werbung ausgeben, um sich in das kindliche Bewusstsein einzunisten.

2002 steckten Unternehmen in den USA rund 15 Milliarden Dollar in die Werbung für Kinderprodukte. Eltern geben laut Statistischem Bundesamt im Schnitt bis zur Hälfte ihres Nettoeinkommens für die Kinder aus. Den 6- bis 13-Jährigen steht jährlich ein Volumen von ungefähr 6 Milliarden Euro zur Verfügung. Der überwiegende Anteil darf damit tun, was er will.

Angespannte Wirtschaftslagen machen sich selbstverständlich im Geldbeutel junger Menschen bemerkbar. Beim Geldschenken zeigen sich dann Eltern und Verwandte zurückhaltender. Das zwingt zur Sparsamkeit. Anspruchsdenken und Geldknappheit haben dazu geführt, dass etwa 15 Prozent der Teenager bei Eltern und Freunden verschuldet sind. Dennoch: Armut hält nicht immer davon ab, mit wenig Geld Prestigekonsum zu betreiben.

Deutschland verfügt über eine gewichtige Bekleidungsindustrie, deren gestaltender Einfluss auf das Modegeschehen dennoch gering ist. Tonangebend sind vor allem Frankreich und Italien. Die USA geben den Takt für die Trends der Jugendkultur an: Jeans und T-Shirts zum Beispiel. Unter den jungen Menschen definiert sich der gesellschaftliche Rang nach den Symbolen der Konsumindustrie. Ohne Markenklamotten und Handys ist man weniger „wert".

Geschmack und Stilempfinden werden wesentlich über die Medien, vor allem durch das Fernsehen beeinflusst. Bereits 40 Prozent der 6- bis 13-Jährigen verfügen über ein eigenes Fernsehgerät. Für mehr als 70 Prozent der Kinder und Jugendlichen ist nach Studien Aussehen wichtiger als Charakter. Für die Gruppe der gefährdeten Heranwachsenden wird Konsum immer stärker zur Quelle für den Selbstwert. Auf der Suche danach konsumiert man maßlos, ohne die Folgen zu bedenken.

In der Pubertät sind Statussymbole gleichsam lebenswichtig. Trendsachen dienen als Ersatz für mangelndes Selbstbewusstsein. Ja, der Selbstbewusste setzt cool noch eins drauf: Imponieren durch seine Designerjeans. Die Mittellosen, die aus finanzieller Not keinem Markenartikel nachlaufen können, verschulden sich, klauen Kleidung oder Handys. Denn: Wer will schon zugeben, dass sich die Eltern das nicht leisten können! Wer möchte schon ausgegrenzt werden! Uncool zu sein, schmerzt. Nach dem Diebstahl meint man, wieder wer zu sein.

12 Prozent der 13- bis 24-Jährigen haben Schulden, und zwar im Durchschnitt 1 800 Euro – mit zunehmender Tendenz. Nebenbei: In Deutschland sind etwa 3 Millionen Menschen überschuldet. Die Zahl privater Insolvenzen steigt. Aus welchen Gründen geraten Jugendliche in die Schuldenfalle? Die Hauptursachen sind: sorgloser Umgang mit dem Handy, negatives Vorbild des Elternhauses, zu frühe Gewährung von Dispo-Krediten, unzureichende Thematisierung in der Schule, Arbeitslosigkeit, keine Lehrstelle, hohe Ausgaben für Bekleidung, hohe Ausgaben fürs Auto.

Viele Kinder und Jugendliche haben in der Schuldenfalle nicht einmal ein schlechtes Gewissen. Gefährlich, wenn Hemmungen wegfallen. Dann wird die Willenskraft, die Fähigkeit zum Gegensteuern noch schwächer.

Die wirksamen Verführungsreize kommen von den Werbe- und Verkaufsstrategen. Die Reize fallen auf fruchtbaren Boden, sind erfolgreich, wenn in einer Person das Bedürfnis vorherrscht, trendy und cool sein zu wollen. Oft auch zu müssen. Denn man will zu seiner Clique gehören. Wird man in seiner Rolle akzeptiert, ist man integriert: ein Wohlgefühl.

Konsumverwöhnte Mütter sind zu schnell zum Nachgeben bereit. Viele Familien verschulden sich, um ihren „Liebsten" die Außenseiterrolle zu ersparen. Die vernünftigen Mütter und Väter, die aus Überzeugung den Markenwahn nicht mitmachen wollen, erleben den ständigen bittenden und bettelnden Erwartungsdruck ihres Kindes. Nach häufigen Konflikten geben sie dann doch nach, weich geklopft und genervt. Leider: Persönlichkeit wird äußerlich am Besitz oder Nichtbesitz von Wertgegenständen gemessen.

Die Zahl der Mobbingopfer nimmt zu. Erschreckend und nachdenklich stimmt die Tatsache, dass die Täter jünger werden. Dies lässt sich ebenfalls auf der Ebene des Rauchens und der Kinderkriminalität beobachten. Mobbing in der Grundschule ist keine Seltenheit mehr. Am häufigsten kommt Mobbing in den Klassen 7 bis 9 vor. Etwa 10 Prozent der Schüler sind regelmäßig der körperlichen und seelischen Gewalt ihrer Mitschüler ausgesetzt. Junge Menschen geraten durch Mobbing, je nach Form und Intensität, in eine leidvolle Außenseiterrolle. Besonders ihre Psyche kann nachhaltig beschädigt werden. Erzieher und Lehrer machen sich mitverantwortlich, wenn sie gleichgültig darüber hinwegsehen.

Welches sind mögliche Motive? Pubertierende Jugendliche stehen unter einem erhöhten Triebpotenzial (Sexual-, Macht-, Aggressions-, Bewegungs- und Neugiertrieb). Sie neigen dazu, ihre überschüssige Energie an Schwächeren und Außenseitern abzureagieren. Zum Außenseiter kann werden, wer anders aussieht, sich anders bewegt, anders spricht. Ein ganz normaler Schüler, der beispielsweise klamotten- und handymäßig nicht trendy ist, wird ausgegrenzt. Empfindungen, wie Eifersucht, Neid, Hass, Rache usw., sind impulsgebend. Das sogenannte „schwarze Schaf" wird erniedrigt und nochmals erniedrigt: eine genüssliche Befriedigung für den Täter. Täglich erleben Schüler Misserfolgserlebnisse (Frustrationen): Niederlagen in Konfliktsituationen, schlechte Noten, mangelnde Anerkennung usw. Diese können zum Auslösereiz werden. Folgendes oberflächliche Mobbingmotiv ist häufig zu beobachten: Ein Schüler mobbt gezielt, um gegenüber seiner Gruppe cool dazustehen. Dadurch steigt seine Anerkennung.

Das Verhalten von Mobbingtätern ist gekennzeichnet durch niedrige Frustrationstoleranz, geringe Schuldgefühle und Hemmungen auf der einen und mangelnde Selbstkontrolle auf der anderen Seite – eine Erscheinung mit steigender Tendenz. Mädchen unterscheiden sich von den Jungen in der Wahl der Mittel. Sie agieren weniger durch den Einsatz von Körperkraft, sondern praktizieren subtilere Methoden: eine schnippische Bemerkung oder ein zynisch erniedrigender Gesichtsausdruck. Die Hauptursachen sind in einem übersteigerten Waren- und Medienkonsum zu suchen. Kinder erwarten, weil sie es gewohnt sind, eine möglichst rasche Befriedigung ihrer Wünsche. Auf Nichterfüllung wird meist aufmüpfig, teils aggressiv reagiert. Der Protest verläuft in mehreren Eskalationsstufen: bitten, bettelndes Quengeln, schmeicheln, drohen, heulen oder schreien.

Materielle Reize, Konsumreize und verführende Reize vermindern die Hemmschwellen. Lustreize aktivieren und mobilisieren mehr Triebenergie. Daher ist kognitive Selbstkontrolle oft unmöglich. Die Neigung zu Fehlverhaltensweisen steigt. Da aufgrund des Überflusses von Dingen nahezu immer Ersatz vorhanden ist, haben Sanktionen auf zukünftige Situationen nur eine geringe hemmende Wirkung. Lösungsansätze könnten in intensiven Gesprächen aller Beteiligten (auch der Eltern) zu finden sein, Darstellung von Lösungen im Rollenspiel, Solidarisierungen mit dem Opfer (durch Schulleitung, Lehrer, Schüler).

Innerhalb der letzten zehn Jahre stieg die Zahl der Jugendlichen, die sich wegen Kiffens behandeln lassen musste. Nicht wenige gehen bekifft in den Unterricht oder drehen sich ihren Joint währenddessen. Mitschüler werden zu Dealern. Gerade bei jungen Kiffern sind die Auswirkungen dramatisch: seelische Störungen und Angstzustände. Je jünger der Konsument, desto stärker wird das Suchtverhalten geprägt. Entwicklungsstörungen, Konzentrationsmangel und Null-Bock-Haltung verringern Anstrengungs- und Leistungsbereitschaft. Die Jugendlichen in Deutschland trinken immer mehr Alkohol. Die durchschnittliche wöchentliche Trinkmenge bei den 12- bis 15-Jährigen entsprach im Jahre 2004 dem Konsum von zwei Gläsern Bier oder zwei Schnäpsen. Die aufgenommene Menge reinen Alkohols pro Woche stieg von 14 Gramm im Jahr 2001 bis auf 20 Gramm 2004. Das bedeutet einen Zuwachs von rund 48 Prozent.

Die Spirituosenindustrie kommt auf immer neue Einfälle. Zu Bier und Wein hat sich ein neues Getränk gesellt: Alcopops, alkoholhaltige Mixgetränke, die speziell für junge Leute entwickelt wurden. Sie enthalten Rum, Wodka, Whisky oder andere harte Spirituosen. Der Alkoholgehalt liegt zwischen 4 und 5,9 Prozent. Die süßen Muntermacher in den poppig handlichen Flaschen sind dreiste Werbeverführung. Lifestyle, Neugierde und Fun werden suggeriert. Die bunten Flaschen ziehen, neben Schokoriegeln platziert, in den Märkten die Aufmerksamkeit auf sich. Ein Griff ist rasch getan. Durch die Etikettenaufschrift „kohlesäurehaltiges Mixgetränk" wird der Alkohol getarnt, sachliche Information vorgetäuscht, um die eigentliche Wirkung zu verharmlosen. Der fruchtig süße Geschmack maskiert die tatsächliche Alkoholwirkung. Deshalb wird häufig zu viel und zu schnell davon getrunken. Der Zucker verstärkt zudem das Resultat des Alkohols. Die Sucht wird so unmerklich gefördert. Das Freizeit-Konsum-Spaßtrinken nach Schule und auf Partys ist schon zum guten Ton geworden. Immer mehr und jüngere Jugendliche greifen zur Flasche. 11-Jährige haben bereits Erfahrungen mit Alkohol, 13-Jährige erleben den ersten Vollrausch. Komasaufen ist zur Mode geworden.

Ein Bericht der Bundeszentrale für gesundheitliche Aufklärung bestätigt die besorgniserregende Entwicklung. Im Jahr 2003 wurde in der Gesamtbevölkerung im Vergleich zu 1998 viermal so viel Alcopops gekauft (12 Prozent gegenüber 3 Prozent). Bei den Käufern bis neunundzwanzig Jahren hat sich das Kaufverhalten sogar versechsfacht (von 7 auf 40 Prozent). Bei den 14- bis 17-Jährigen liegt der Anteil bei 48 Prozent. Noch befinden sich die Jungen beim regelmäßigen Alkoholtrinken vor den Mädchen. In Bezug auf das unregelmäßige Trinken ist das Verhältnis ausgeglichen. Beim Zigarettenkonsum haben Mädchen in bestimmten Altersklassen die Jungen überholt. Jungen dominieren hingegen beim Drogenkonsum. Nichts ist für junge Menschen wichtiger als die Steigerung der Lust und dazu durch Extra-Kicks. Selbstkontrolle und Selbstlimitierung sind passé.

Die innere Triebkraft ist in diesem Alter besonders ausgeprägt. Bewegungsdrang, aggressive Gefühle, sexuelle Empfindungen entstehen spontan. Werden sie nicht befriedigt, baut sich ein Triebstau auf. Alkohol erhöht die Reizintensität, lässt die Hemmschwellen sinken und bringt das „Fass zum Überlaufen". Die Gewaltbereitschaft steigt.

Besonders alkohol-, nikotin- und drogengefährdet sind Risikogruppen. Die Gesundheit junger Menschen hat an erster Stelle zu stehen und nicht der Profit einer Branche. Einzige Lösung: Verbot und weg vom Markt!

Vorbeugend wirkt ein stabiles Familienleben. Eltern sollten nicht nur jederzeit gesprächsbereit sein, sondern lernen, wie man mit Kindern und Jugendlichen angemessen umgeht. Pedantisches Kontrollieren auf Schritt und Tritt ist für eine ausgeglichene Beziehung ungeeignet. Empfindlichkeiten und Misstrauen entstehen. Sie erhöhen die Spannungen und stören den täglichen Interaktionsprozess. Freiräume sind notwendig. Es wäre der falsche Weg, einen 10-Jährigen beim Medienkonsum sich selbst zu überlassen. Exzessives Medienverhalten macht süchtig. Vorbild sein, hilft nicht immer. Eigene Maßlosigkeit birgt die Gefahr, dass der Heranwachsende keinen Halt durch Orientierung findet.

7. Übersteigerter Medienkonsum

These: Extremer Medienkonsum verringert die Leistungsfähigkeit von Kindern und Jugendlichen. Besonders betroffen sind Jungen. Deren Schulleistungen haben seit den Neunzigerjahren auffällig nachgelassen.

Eine Studie der GfK-Fernsehforschung ergab, dass die Deutschen mehr vor dem Fernseher sitzen als je zuvor. Von 1994 bis 2004 stieg die durchschnittliche Sehdauer um 43 auf 210 Minuten am Tag. Den größten Ausschlag nach oben verursachten die Single-Haushalte. Vor allem bei Frauen nahm die tägliche Sehdauer, verglichen mit dem Jahre 2003, um 10 Minuten auf 219 Minuten zu. Hinsichtlich des TV-Konsums liegt Deutschland international im Mittelfeld. Spitzenreiter sind die US-Amerikaner. Männer bringen in Deutschland täglich 11 Minuten mit Computerspielen zu, Frauen dagegen nur drei.

Der Fernsehzuschauer erwartet nicht Inhalte mitleiderregender Armut, sondern Wohlstandsmilieus und Gewinner. Der schöne Schein, Formen von Sexualität und Gewalt, ist wichtiger als Qualität, Perfektion wichtiger als Schamgrenzen. Medien, unter dem Druck der Konkurrenz, jagen nach Einschaltquoten. Man fixiert sich auf werberelevante Gruppen. Kurzere Szenen gegenüber längeren dominieren. Sie erhöhen die Aufmerksamkeit auf Kosten der Objektivität. Großaufnahmen und Details kommen der Neugier und damit den Sehgewohnheiten entgegen, vor allem denen von Jugendlichen.

Nach Umfragen glauben inzwischen etwa 60 Prozent der Zuschauer, dass die Gewaltszenen im Fernsehen zugenommen haben, jeder zweite, dass die Sprache verroht. Expertenmeinung ist: Mit jedem Jahr sinken im TV die Hemmschwellen.

Gewalt wird immer realistischer. Etwa drei Viertel der Gewaltdarstellungen zeigen realitätsnahe Gewalt. Das heißt: Gewalt im Fernsehen nimmt eher Bezug auf die echte Welt als auf eine unrealistische. Forscher kritisieren die Vermischung von fiktionaler und authentischer Gewalt. Gerade junge Zuschauer können schwer zwischen Inszenierung und Realität unterscheiden. Außerdem werden gewalttätige Inhalte in Unterhaltungssendungen häufig in Alltags- und Familiensituationen gezeigt, also in Situationen, die Kindern und Jugendlichen vertraut sind. Sie übertragen dann das Gesehene leichter auf das eigene Leben. Dadurch erhöht sich die Wahrscheinlichkeit, dass sie mit Angst reagieren. In über der Hälfte der Sendungen ist mindestens einmal Gewalt zu sehen.

Die Überfülle der täglichen Medienangebote bewirkt beim Konsumenten eine Aufmerksamkeitskrise. Dagegen kämpft man mit sogenannten Ekelshows. Jüngstes Beispiel: „Ich bin ein Star – holt mich hier raus (RTL)!" Im fernsehtauglich hergerichteten australischen Dschungel musste die Kabarettistin Lisa Fitz lebende Insekten, Würmer und Maden verspeisen. Der „Superstar" Daniel Küblböck kippte sich krabbelndes und kriechendes Getier in eine überdimensionierte Spezialhose. Einziges Geschäftsinteresse des Senders: Zuschauerquote und Marktanteile steigern. Oder: Gunther von Hagens Leichenausstellung „Körperwelten", eine der bestbesuchten international, weckt in den Medien Aufmerksamkeit. Eine Erosion des Würdebegriffs ist dabei Nebensache.

Weltweit gibt es inzwischen mehrere tausend Studien, die

sich mit der Wirkung von Medien beschäftigen. Uneindeutig bleibt nach wie vor die Frage, wie im Einzelnen Gewaltdarstellungen Aggressionen auslösen. Da es unterschiedliche Formen von Aggressivität gibt, muss weiter gefragt werden: Welche Art der Gewaltdarstellung löst welches aggressive Verhalten aus?

Der aufmerksame Zuschauer kann in seiner Umgebung, dazu bedarf es keiner wissenschaftlichen Untersuchung, beobachten: Die Darstellung von Gewalt wirkt besonders bei Kindern angsteinflößend. Angst wiederum erhöht die Wahrscheinlichkeit von Aggressivität. Die Identifikation mit dem gewalttätigen Helden birgt die Gefahr, dass man versucht, ihn in der Realität nachzuahmen, und auch tatsächlich kopiert. Ist ein charismatischer Bildschirmheld in seinem Handeln erfolgreich, wendet man im eigenen Umfeld das gleiche oder ein ähnliches Verhalten an. Das Einfühlungsvermögen des Kindes wird reduziert, und damit unsoziales Verhalten verstärkt. Der „virtual fighter", das Kind, das häufig Computerspiele mit Gewaltinhalten praktiziert, reagiert auf negative und belastende Bilder deutlich ungerührter. Beispiel: Menschen und Tiere in Not werden gefühlsneutral hingenommen.

Im vorpubertären Alter ist die Einflussnahme der Eltern auf die Auswahl solcher Spiele im Allgemeinen noch recht groß. Nur: Bei einem hohen Anteil von Eltern findet eine Einflussnahme erst gar nicht statt.

Der noch unverfälscht empfindende Mensch hat gegen extreme Gewaltformen eine Abneigung. Routinemäßiges Vielsehen setzt die natürliche Abneigung gegen Gewalt herab. Dadurch sinken die Hemmschwellen. Die Bereitschaft zur Aggressivität und zur Gewaltanwendung steigt. Nicht nur das: Je höher der Medienkonsum ist, desto mehr verschlechtern sich die Schulleistungen. Das hat das Kriminologische Forschungsinstitut Niedersachsen in einer Studie herausgefunden. Es wurden rund 23 000 Kinder und Jugendliche im Alter von zehn bis fünfzehn Jahren befragt.

Fast jeder zweite Junge und nur jedes dritte Mädchen haben im eigenen Zimmer ein TV-Gerät. Über eine Spielkonsole verfügen knapp 40 Prozent der Jungen, aber nur 16 Prozent der Mädchen. Bei den Migrantenkindern im Alter von zehn Jahren haben durchschnittlich 51 Prozent einen eigenen Fernseher und 43 Prozent eine eigene Spielkonsole im Zimmer. Bei den 10-jährigen deutschen Kindern sind es dagegen 32 beziehungsweise 22 Prozent.

Hauptschüler sitzen mehr als doppelt so lang vor Bildschirmen als Gymnasiasten. Kinder mit eigenen Geräten sehen viel häufiger verbotene Sendungen oder praktizieren Spiele mit hohem Gewaltanteil.

In Dortmund sehen mehr als die Hälfte der Kinder im eigenen Zimmer fern. In München liegt der Anteil nur bei einem Fünftel. Der Süden Deutschlands hat nach der PISA-Studie besser abgeschnitten als der Norden. Der unterschiedliche Medienkonsum liefert einen Erklärungsansatz. Leistungsschwächen jedoch haben mehrere Ursachen.

Festzuhalten ist: Mädchen sind weniger gefährdet als Jungen. Das hat damit zu tun, dass Mädchen an Inhalten von Gewalt und Horror weniger interessiert sind. Sie besuchen häufiger ein Gymnasium als Jungen. Hier liegt der Anteil der deutschen Schüler im Vergleich zu dem der ausländischen Schüler überproportional höher.

Bei den 16- bis 17-Jährigen sind es ungefähr 70 Prozent, die über ein Fernsehgerät verfügen. Inzwischen kann sogar circa ein Viertel der 6-Jährigen einen Fernseher sein Eigen nennen.

Die Quote der Jungen liegt hier deutlich über der der Mädchen. Außerdem: Action- und Horrorfilme werden von Jungen um ein Vielfaches häufiger gesehen als von Mädchen. Zwei Drittel der Jungen nutzen regelmäßig Computerspiele mit jugendgefährdenden Inhalten. Mädchen sind eindeutig geringer beteiligt.

Ein Grundschüler mit einer Hauptschulempfehlung schaut im Durchschnitt etwa zwei Stunden pro Tag Fernsehen. Vier und mehr Stunden sind keine Seltenheit. Kinder, die über ein eigenes Fernsehgerät verfügen, schauen zusätzlich. An Wochenenden, an schulfreien Tagen oder in den Ferien erhöhen sich die Werte. Immer mehr Kinder verbringen mehr Zeit vor dem Fernseher als in der Schule.

Kinder, die nach dem vierten Schuljahr für die Hauptschule empfohlen werden, verbringen doppelt so viel Zeit mit Fernsehen und Computerspielen wie solche, die eine Empfehlung für das Gymnasium erhalten. Bei den Förderstufenschülern sieht es ähnlich aus. Bei denjenigen, die eine Realschulempfehlung bekommen, liegen die Werte etwas günstiger. Mädchen werden gegenwärtig etwa zur Hälfte, Jungen nur zu einem Drittel für ein Gymnasium empfohlen.

Der PC ist inzwischen fester Bestandteil vieler Klassenzimmer. Gleichzeitig hat der Anteil der Lehrer zugenommen, die nicht in der Lage sind, mit schwierigen, den Unterricht störenden Verhaltensweisen von Schülern angemessen umzugehen. Parallel dazu ist die Quote der Verhaltensauffälligkeiten von Kindern und Jugendlichen gestiegen. Computer verführen dazu, Schüler damit arbeiten zu lassen, damit sie ruhig sind. So fühlen sich Lehrer weniger gestresst. Die Interaktionen zwischen Lehrern und Schüler dürfen deshalb nicht eingeschränkt werden. Sonst leiden „guter Unterricht" und die Förderung von Kreativität.

Die Schulabgänger in Deutschland bekommen von den einstellenden Betrieben immer schlechtere Beurteilungen. Als „sehr dürftig" werden die Fähigkeiten in den Schlüsselfächern Deutsch, Mathematik und Englisch eingeschätzt. Besonders schlecht schneiden Hauptschüler ab. Die Computerkenntnisse hingegen ragen positiv heraus. Entscheidend ist, wie und wozu das Medium genutzt wird. Wer als Schüler den Computer regelmäßig zu Hause zum Lernen verwendet, steigert seine Leistungsfähigkeit. Nach einer neuen internationalen PISA-Auswertung waren 15-jährige deutsche Schüler im Fach Mathematik Gleichaltrigen ohne regelmäßige PC-Nutzung zu Hause fast ein Schuljahr voraus. Noch deutlicher fallen die Leistungsunterschiede aus, wenn sich die Dauer der Computererfahrung über mehrere Jahre erstreckt. Die Zahl der 15-jährigen Schüler, die sich in der Schule einen Computer teilen müssen, ist in Deutschland doppelt so hoch wie im OECD-Durchschnitt und dreimal so hoch wie in Australien, Korea und den USA.

Weltweit benutzen Mädchen das Gerät seltener als Jungen, die zugleich häufiger damit spielen und programmieren. Dieser Geschlechtsunterschied ist in Deutschland besonders ausgeprägt. Mädchen haben im Umgang mit den Funktionen des PCs weniger Selbstvertrauen, besonders bei komplexen Aufgabenstellungen und technischen Problemen.

Übersteigerter Medienkonsum hat negative Auswirkungen auf die Leistungsfähigkeit von Kindern (Schülern). Vielseher sind vor allem Jungen. Vor zehn Jahren dominierten bei den Schulabbrechern noch die Mädchen. Heute ist es umgekehrt. Auch bei den Sitzenbleibern führen die Jungen. Schlechte Noten lösen Frustrationen aus, die wiederum die Aggressionsbereitschaft erhöhen. Schwänzen ist oft eine Folge des sich nicht Wohlfühlens in der Schule. Dies wird durch schlechte Noten forciert. Schulschwänzer zeigen verstärkt abweichendes Verhalten, neigen zur Kriminalität.

Die Zuwanderung ethnischer Gruppen in den letzten Jahrzehnten verdeutlicht ein weiteres Problem: Zum Beispiel sind negative schulische Leistungen bei türkischen Jungen ausgeprägter als bei türkischen Mädchen. Jungen, einen höheren kulturellen Rang einnehmend, werden in ihren Familien stärker medienverwöhnt als Mädchen.

Ganz offensichtlich Defizite entstehen hinsichtlich der sozialen Kompetenzen. Schulische Hausaufgaben und Arbeiten im Haus werden vernachlässigt. Schulstatistiken veranschaulichen, dass sich die Leistungen der Jungen immer mehr verschlechtern. Sprechen und Lesen kommen zu kurz. Darunter leiden Rechtschreibung und Satzbau. Vor allem im sportlichen Bereich sinkt die Beweglichkeit, weil Kinder zunehmend verfetten. Durch falsche Ernährung wird die Problematik verstärkt. Also: Vielseher treiben weniger Sport, kommunizieren weniger, bewegen sich weniger zu Hause, im Freundeskreis und in der Freizeit. Sie sind weniger lebensfroh. Anstrengungsbereitschaft und Anstrengungsverhalten nehmen ab. Durch geringere Aktivität geht das Erleben von Erfolgserlebnissen verloren.

Die erste nationale Sportstudie wurde im Dezember 2004 in Berlin vorgestellt. Danach fällt fast jede dritte Sportstunde aus. Hauptschüler sind davon am stärksten betroffen. Sie sind zusätzlich in Sportvereinen unterrepräsentiert. Durch die Hirnforschung weiß man, dass Lernerfolge eng mit Emotionen verknüpft sind. Lerninhalte werden leichter aufgenommen und behalten, wenn man sich dafür begeistern kann. Körperliche Passivität reduziert die Fähigkeit emotionalen Interesses. Wer nach dem Lernen einen Horrorfilm schaut, hat umsonst gelernt. Die emotionale Heftigkeit der Horrorbilder überlagert das vorher Gelernte, löscht es gleichsam aus. Spiel und natürliche Bewegung nach dem Lernen begünstigen die Gedächtnisleistung.

Im Tiefschlaf gehen Informationen vom Kurzzeit- ins Langzeitgedächtnis. Daher ist es völlig verkehrt, wenn sich ein Kind vor dem Einschlafen einen Action- oder Horrorfilm „reinzieht". Im Tiefschlaf kann es zu einer überstarken Erregung kommen, ausgelöst durch einzelne aufregende Elemente des Films. Ist die Tiefschlafphase extrem gestört, werden Lerninhalte gelöscht. Am nächsten Tag ist das Kind nicht nur müde, sondern hat das zuvor Gelernte vergessen.

Neuere Untersuchungen zeigen, dass Jungen im deutschen Bildungssystem die Sekundarstufe häufiger ohne Hauptschul- oder Realschulabschluss beenden als Mädchen. Nach meiner Überzeugung spielen hierbei die Medieneinflüsse eine erhebliche Rolle. Außerdem entstehen Nachteile für Jungen nicht nur durch extremen Fernseh- und Bildschirmkonsum, sondern durch die Tatsache, dass Kinder in der Grundschule überwiegend von Frauen unterrichtet werden. Hinzu kommt: Maßloser Konsum von Gewaltfilmen wirkt sich bei einer kleinen Risikogruppe männlicher Jugendlicher auf ihre persönliche Gewaltbereitschaft im Alltag aus. Soll heißen: Gesellen sich zu den Belastungsfaktoren emotionaler Vernachlässigung in der Familie, innerfamiliärer Aggressivität und Versagen in Schule und Umfeld noch negative Medieneinflüsse, erhöht sich die Wahrscheinlichkeit auffälligen Verhaltens. Zusätzliche Negativeinflüsse sind: ausgeprägter Missbrauch von Alkohol, Nikotin oder anderer Drogen.

Inzwischen werden nahezu 25 Prozent der deutschen Jugendlichen als Risikoschüler bezeichnet. Hierzulande ist das Schulsystem dreigegliedert: Hauptschule, Realschule,

Gymnasium. PISA-Gewinner wie Finnland beschulen integrativ. Leistungsschwache Schüler bleiben nicht sitzen, werden nicht einmal zurückgestuft oder ausgesondert. Sie werden gemeinsam unterrichtet und individuell gefördert. Das setzt kleine Lerngruppen voraus. Im deutschen Schulsystem sind die Klassenfrequenzen im Schnitt zu hoch.

Übersteigerter Medienkonsum begünstigt soziale Isolierung. Denn: Kommunikation und Interaktion werden vernachlässigt. Das ist unnatürlich. Aggressivität lässt sich durch weniger Medienkonsum senken. Appelle an einen vernünftigen Umgang bleiben wirkungslos. Erkenntnisse der Eltern über die Ursachen der Medienverwahrlosung reichen nicht aus, um das Verhalten zu modifizieren. Stärkere Kontrollen im familiären Bereich ergeben nur einen Sinn, wenn sie auch konsequent realisiert werden. **Väter sind im Schnitt seltener anwesend. Damit überlassen sie den Müttern und Frauen die Hauptlast der Erziehungsentscheidungen. Flucht vor der Erziehungsverantwortung ist der schlechteste Lösungsweg.** Sich gemeinsam und gleichgewichtig, trotz zusätzlicher Konflikte, um angemessene Erziehungsentscheidungen bemühen, ist der bessere. Medienkonsum von Kindern und Erwachsenen findet meist gedankenlos statt. Das bedeutet: Müttern und Vätern ist selten bewusst, dass übersteigerter Medienkonsum die Schulleistungen vor allem der Jungen beeinträchtigt.

Action-, Gewalt-, Horrorfilme, Computer- und Videospiele lösen bei Jungen eine stärkere Anziehungskraft aus als auf Mädchen. In der Stammesgeschichte war es das männliche Geschlecht, das als Jäger und Kämpfer agierte. Insofern ist eine größere Bereitschaft zur körperlichen Auseinandersetzung beim männlichen Geschlecht zu beobachten. Kämpfe, wie sie im Interesse des Überlebens in der Natur stattfanden, sind in den modernen Wissensgesellschaften überflüssig geworden. Jungen verlagern das Kämpfen auf den Bildschirm. Der präsentiert sich als virtueller Kampfplatz. Hier entsteht konkurrierender Ansporn zum Siegen. Niederlagen müssen hingenommen werden.

Die Motivation zu solchen Spielen ist bei Jungen nachdrücklicher. Daher sind sie eher als Mädchen bestrebt, die technischen Voraussetzungen gegenüber den Eltern durchzusetzen. Das Kind wird sich zunächst an den Elternteil wenden, bei dem es die größere Chance zur Wunscherfüllung wittert. Im Allgemeinen interessieren sich Väter für diese Art von Zeitvertreib stärker als Mütter. So kann es sein, dass sich Vater und Sohn gegenüber der Mutter durchsetzen, die gegen den Kauf eingestellt ist.

Handys gewinnen im Alltag von Kindern zunehmend an Bedeutung. Eltern geben für Mobiltelefone ihrer Kinder immer mehr Geld aus: jährlich rund 300 Euro pro Kind (2005). Nur für die Kleidung geben sie mit etwa 315 Euro mehr aus. Ungefähr 1,7 Millionen Handys befinden sich inzwischen in den Händen der 6- bis 13-Jährigen. Die wirtschaftliche Lage vieler Familien ist angespannt. Trotzdem erfüllen Eltern Extrawünsche. Für ihr Handy geben junge Menschen im Alter von sechs bis neunzehn Jahren in Deutschland pro Jahr 2,5 Milliarden Euro aus. Unter Kindern und Jugendlichen sind von Zeit zu Zeit bestimmte Dinge „in". Besonders beliebt sind Klingeltöne, Bildschirmschoner, Bilder und Spiele. Sie kosten Geld. Bei der Wahl solcher Angebote tappen viele in die Abo-Falle der Anbieter. Dann fallen Monat für Monat regelmäßige Kosten an.

Die organisierte Kriminalität im Internet nimmt weiter deutlich zu. Eindeutiges Motiv: finanzielle Vorteile. Die USA liegen derzeit auf Rang eins der Länder mit dem größten Volumen an betrügerischen Transaktionen. Zielgruppe: Leichtgläubige. Dazu zählen vor allem Kinder und Jugendliche. Handys werden so zum Einfallstor skrupelloser Gauner.

Sind ein oder beide Elternteile aus beruflichen Gründen außer Haus, ist eine begleitende Medienerziehung kaum durchführbar. Selbst Ganztagsschulen bieten nicht die Gewähr für einen vernünftigen Umgang mit TV- und PC-Nutzung. Abends und an Wochenenden ist genug Spielraum für Gewalt- und Pornostreifen. Letztlich gibt es nur eine wirkungsvolle Lösung: Jugendgefährdende Angebote müssen absolut vom Markt verbannt werden.

Das Problem: Eltern sind meist ahnungslos, dass auf Handys und in E-Mail-Postfächern immer häufiger Gewaltvideos kursieren: Blutrünstige Bilder von Enthauptungen, über grausame Steinigungen bis hin zu Menschen, die angezündet werden.

Es bleibt festzuhalten: Exzessiver Medienkonsum begünstigt Sprach- und Verhaltensstörungen. Je mehr Medienkonsum, desto stärker leiden die sozialen Interaktionen. Dadurch werden Sprach- und Verhaltensfähigkeiten zu wenig geübt. Körperliche Passivität fördert Bequemlichkeit, auch auf geistiger Ebene. Anstrengungsdenken wird zu sehr vernachlässigt. Folge: schlechtere Leistungen in den Erziehungs- und Bildungseinrichtungen.

8. Bildungsabschlüsse

These: Mädchen befinden sich im deutschen Bildungssystem auf der Überholspur. Hauptgründe sind veränderte Lebensbedingungen und typisch weibliche Eigenschaften.

Seit den Sechzigerjahren ist im Zuge der Bildungsexpansion die Bildungsbeteiligung und damit der Bildungserfolg von Mädchen deutlich gewachsen.

Immer weniger Jungen sind im deutschen Bildungssystem erfolgreich. Die derzeitige Mädchengeneration befindet sich auf der Überholspur. Sie lässt die Jungen beim Bildungsaufstieg hinter sich. Je höher der Schulabschluss, desto größer ist der Anteil der Mädchen und desto niedriger der Anteil der Jungen. Mädchen in Deutschland haben die einstige Benachteiligung gegenüber ihren männlichen Altersgenossen mehr als ausgeglichen. Sie sind in den Hauptschulen inzwischen unterrepräsentiert. Der Anteil derer, die einen Hauptschulabschluss erreichen, liegt im Verhältnis zur Jungengeneration höher. Realschulabschlüsse und Hochschulreife erzielen mehr als die Hälfte der Mädchen. In den Neunzigerjahren lagen die männlichen Studenten an Universitäten zahlenmäßig noch vor den Mädchen. Setzt sich der gegenwärtige Trend fort, wird dies weitreichende Konsequenzen haben: bessere Ausgangspositionen des weiblichen Geschlechts auf dem Arbeitsmarkt und mehr Gleichberechtigung in der Gesellschaft.

Es besteht ein enger Zusammenhang zwischen sozialem Hintergrund und Bildungsleistung. Sonderschüler stammen fast ausschließlich aus der Unter- und unteren Mittelschicht. Deren Anteil ist innerhalb von zehn Jahren um ein Drittel auf nahezu 500 000 gestiegen. Überdurchschnittlich hoch vertreten sind Jungen aus Zuwander- und sozial schwierigen Familien. Hauptschüler kommen größtenteils aus einfacheren Familienverhältnissen. Kinder aus besser situierten Milieus besuchen die Realschule oder das Gymnasium. Für die Schüler aus der Ober- und oberen Mittelschicht ist es selbstverständlich, das Abitur anzusteuern.

In Deutschland sind die Chancen eines Kindes aus der Oberschicht durchschnittlich viermal größer, Gymnasium und Abitur zu erreichen als für ein Kind aus einer Facharbeiterfamilie. Sehr stark differiert dieses Missverhältnis in den einzelnen Bundesländern. In Bayern zum Beispiel hat ein fünfzehn Jahre alter Schüler aus der Oberschicht eine 6,7-fach höhere Aussicht. In Brandenburg liegt der Wert bei 2,4 (Stand 2005).

Aufs Ganze gesehen ist die Bildungsbenachteiligung von Frauen noch nicht aufgehoben. Unter den Universitätsprofessoren stellen Frauen noch immer eine Minderheit dar. Im Schnitt verdienen berufstätige Frauen bei gleicher Ausbildung, gleichem Alter und Beruf nach wie vor weniger als ihre männlichen Kollegen.

Von Hyperaktivität (ADS) und Legasthenie sind Jungen augenfällig häufiger betroffen als Mädchen. Weitere Defizite sind offensichtlich: Verhaltensauffälligkeiten und Lernschwierigkeiten. Bei der Einschulung werden Mädchen deutlich seltener zurückgestellt. Bei den Schulabbrechern und Sitzen bleibern überwiegen die Jungen. Das Verhältnis der Schulabbrecher zwischen Jungen und Mädchen hat sich von 52 zu 48 Prozent im Jahre 1990 auf nunmehr 64 zu 36 Prozent entwickelt. Die Schere geht auch bei den Sitzenbleibern zuungunsten der Jungen auseinander.

Schulschwänzer werden immer jünger. Seit Mitte der

Neunzigerjahre ist zu beobachten, dass sich Tendenzen zur Schulvermeidung verstärkt bei den 11- und 12-Jährigen verfestigen. Hier liegt die Rate der Jungen abermals höher. Stets ergeben Schuluntersuchungen: Jungen weisen häufiger Krankheiten, Entwicklungs-, Verhaltensstörungen oder Koordinationsprobleme auf als Mädchen. Rund sieben Prozent der Grundschüler gelten als massiv rechenschwach: Mädchen häufiger als Jungen. Als Grund liegt meist eine Entwicklungsverzögerung vor.

PISA, die englische Abkürzung für „Programme for International Student Assessment", beinhaltet eine international angelegte Vergleichsstudie der Leistungen 15-jähriger Schülerinnen und Schüler.

Die PISA-Studie Zwei (2003) untersuchte schwerpunktmäßig die Fähigkeiten in Mathematik. Ergebnis: eine leichte Verbesserung gegenüber der PISA-Studie Eins (2000). Der Mittelwert der deutschen Schüler von 503 Punkten lag um drei Punkte über dem Durchschnitt der OECD-Länder. Die Lesekompetenz lag erneut mit 491 Punkten unterhalb des Mittelwertes. Prüft man die Geschlechterdifferenz, stellt sich heraus: Die Mädchen liegen deutlich vorn (wie bei PISA Eins). Die Jungen erreichten bei PISA Zwei in Mathematik neun Punkte mehr als die Mädchen. Der Vorsprung der Jungen ist nur auf die herausragenden Leistungen einiger zurückzuführen. Jungen könnten in Mathematik höhere Werte erreichen, wenn ihre Sprach- und Lesefähigkeit besser wäre. Diese hat sich nämlich in den vergangenen zehn Jahren auffallend verschlechtert.

In den meisten Haushalten mit Kindern im Vor- und Grundschulalter wird nicht vorgelesen. In den restlichen Familien liegt die tägliche Vorlesezeit sehr niedrig. Bei der Entwicklung kommt dem Vorlesen eine hohe Bedeutung zu. Fantasie, Kreativität und Sprachvermögen werden auf diese Weise gefördert. Nach einer Studie des Mannheimer Marktforschungsunternehmen Eisele & Noll lesen Frauen fast vier Bücher mehr im Jahr als Männer (2005).

Der zweite nationale PISA-Vergleichstest ergab: Faktoren, die das krasse Leistungsgefälle zwischen den einzelnen Bundesländern beeinflussten, dürfen nicht übersehen werden. In Bremen (Rang 16, Schlusslicht) beträgt der Migrantenanteil ungefähr 40 Prozent, in Thüringen (Rang 4) dagegen nur 3 Prozent. Auch die Arbeitslosenquote und die Zahl der Sozialhilfeempfänger schlagen sich im Schulleistungsergebnis nieder. Der Süden Deutschlands (Bayern, Baden Württemberg) liegt an der Spitze der Resultate, der Norden, wie Hamburg, Bremen oder Nordrhein-Westfalen, bildet das Schlusslicht. Eine neue Studie mit dem Titel „Mediennutzung und Schulleistung" (2005), die noch nicht abgeschlossen ist, verweist auf den Zusammenhang zwischen übersteigertem Medienkonsum von Kindern und Jugendlichen und daraus resultierenden Leistungsdefiziten.

In Dortmund (Nordrhein-Westfalen) sehen mehr als die Hälfte der Kinder im eigenen Raum fern, in München (Bayern) dagegen nur ein Fünftel. Der unterschiedliche Medienkonsum biete nach Pfeiffer einen Erklärungsansatz, warum der Süden Deutschlands in der PISA-Studie besser abgeschnitten habe als der Norden (ebenda).

Nach wie vor gilt: Die Schulabgänger in Deutschland bekommen von den einstellenden Betrieben immer schlechtere Beurteilungen. Das Leistungsniveau in den Grundkenntnissen sinkt daher weiter. Da nutzt es wenig, wenn die Computerkenntnisse positiv ausfallen.

Frauen sind in den Erziehungseinrichtungen drastisch überrepräsentiert. Problematisches Verhalten von Jungen hat überproportional zugenommen. Besteht hier ein Zusammenhang?

Sind die Ursachen unter anderem in typischen Eigenschaften des Weiblichen zu suchen? Oder sind die Verführungsreize des Umfeldes (Medien, Konsum) so wirkungsvoll, dass weibliche Erziehungseinflüsse diesen Trend nicht maßgelblich positiv beeinflussen konnten?

Die materielle Lebenswirklichkeit, die Kommerzialisierung, formt. Junge Menschen unterliegen im Entwicklungsprozess im besonderen Maße der Macht des Marktes. Die Wertmaßstäbe des Kapitals (Geld, Verkauf, Kauf) bestimmen die Normen. Religion, Ideale, gesellschaftlicher Wertkonsens sind verloren gegangen. Eine Erziehung ohne feste Regeln und Wertmaßstäbe führt dazu, dass triebgesteuertes Verhalten in den Vordergrund tritt.

Wie soll man in einem wertdesorientierten Umfeld Werteorientierung vermitteln? Von klein auf setzen Kinder ihre subjektiven Wünsche durch. Das Lustprinzip bewirkt, dass man Anstrengungen und Schwierigkeiten erfolgreich ausweicht. Dadurch sinken Anstrengungsbereitschaft und Leistungsfähigkeit.

In Kinderkrippen, Kindergärten, Kindertagesstätten, Schulkindergärten, Vorklassen und Grundschulen ist der Anteil der Frauen auffallend hoch. In Kindergärten liegt er bei etwa 95, in Grundschulen bei 75 Prozent. Beispiel: Im Jahre 2002 betrug in Deutschland der Anteil der weiblich Beschäftigten in Vorklassen ungefähr 97, der der männlich Beschäftigten 3 Prozent. In den Grundschulen sah das Geschlechterverhältnis (weiblich/männlich) der vollzeitbeschäftigten Lehrkräfte so aus: 74 zu 26 Prozent. Für Berlin betrug beispielsweise das Verhältnis in Vorklassen 97,5 zu 2,5 und in Grundschulen 86,8 zu 3,2 Prozent. Bei Teilzeitbeschäftigten sahen die Zahlen nicht wesentlich anders aus (siehe Statistisches Bundesamt). Bis heute gibt es keine Trendwende in die männliche Richtung.

Diefenbach und Klein kamen in einer Untersuchung im Jahre 2002 zu dem Ergebnis: „Je geringer der Anteil männlicher Grundschullehrer und je höher die Arbeitslosenquote in einem Bundesland ist, desto schlechter schneiden Jungen im Vergleich zu Mädchen im Hinblick auf ihre Sekundarschulabschlüsse ab." (Diefenbach/Klein 2002, S. 938)

Zurzeit wird immer weniger und immer später geheiratet. Etwa jede dritte Ehe scheitert. In einigen EU-Ländern liegt die Quote noch höher. Die Zahl der davon betroffenen Kinder und der Alleinerziehenden steigt daher ständig an. Kinder aus geschiedenen oder getrennten Beziehungen leben fast ausschließlich bei der Mutter. Geringfügige Verschiebungen in den einzelnen Bundesländern zugunsten des Weiblichen oder Männlichen ändern nichts an der Tatsache: Die Geschlechterrealität in Erziehungs- und Lernsituationen ist extrem ungleichgewichtig!

Der Begriff der Verweiblichung ist hier wertneutral zu verstehen. Männer als Rollenvorbilder und Rollengegenbilder spielen also in den Erziehungseinrichtungen bis etwa zum zehnten Lebensjahr eine untergeordnete Bedeutung. **Hinzu kommt die Tatsache, dass Mütter und Frauen (Oma, Tante) bei der Kinderbetreuung und Erziehung in den Familien zeitlich eindeutig dominieren. Welche Auswirkungen dies langfristig auf die Persönlichkeitsentwicklung von Mädchen und Jungen hat, lässt sich derzeit empirisch nicht nachweisen. Viele Fragen bleiben vorerst unbewiesen. Es darf jedoch spekuliert werden!**

Unterscheidet sich feminines und maskulines Verhalten im Erziehungsprozess so grundsätzlich, dass für weibliche und männliche Kinder Vor- und Nachteile entstehen? Welches sind solche unterschiedlichen Einstellungen und Verhaltensweisen? Gibt es typisch weibliche und typisch männliche Werte, die von den Heranwachsenden im Sozialisationsprozess verinnerlicht werden und durch die das jeweilige andere Geschlecht (Mädchen/Jungen) Defizite in ihrer Persönlichkeitsentwicklung aufbauen? Sind Frauen prinzipiell und tendenziell im Erziehungsprozess, im negativen wie im positiven Sinn, nachgiebiger? Umgangssprachlich ausgedrückt: Lassen sie, zum Nachteil oder Vorteil des Kindes, mehr „durchgehen"? Erlauben sie zu viel? Fordern sie weniger oder mehr qualifizierte Leistung? Gewähren sie mehr oder weniger kooperative Arbeitsformen als männliche Vorbilder? Werden Kinder (Jungen) überwiegend durch weibliche „Weichheit" (z. B. Nachgiebigkeit) sozialisiert – fehlt ihnen dann die Auseinandersetzung mit der männlichen „Strenge", mit der physischen Aggressivität des Mannes (Lehrers)?

9. Geschlechtsunterschiede

Menschliche Entwicklung ist ein Zusammenspiel von Natur und Umwelt. Angeborene Geschlechtsunterschiede kommen in unterschiedlichen Verhaltensformen zum Ausdruck. Eine größere Anpassungsfähigkeit des weiblichen Geschlechts zum Beispiel führt unter spezifischen Lebensbedingungen zu Vorteilen.

Gene wirken auf Triebe, Gefühle, Empfindungen und das Denken. Weitere Wirkungsfaktoren stellen Umfeld, Erfahrung und Lernen dar. Gene reagieren auf Umwelteinflüsse unterschiedlich. Variabel ist beispielsweise das Körpergewicht. Es wird von der Ernährungsweise mitbeeinflusst. Die körperliche Ausformung sowie die Lernfähigkeit gestalten sich von Mensch zu Mensch ungleich. Die Augenfarbe bleibt konstant. Mit zunehmendem Alter unterliegt die Haarfarbe Veränderungen. Das Verhalten wandelt sich. Selbst eineiige Zwillinge mit identischen Erbanlagen divergieren. Körperproportionen, Größe, Gewicht oder Kraft verändern sich, bedingt durch Einflüsse von außen und innen. Eineiige Zwillinge sind nicht fortwährend denselben Umweltreizen ausgesetzt. Selbst in der eigenen Familie verhalten sich Bezugspersonen je nach Stimmungslage dem einen oder anderen gegenüber verschieden bis gegensätzlich. Der hormonelle Haushalt der Zwillingsindividuen verläuft nicht zu jedem Zeitpunkt parallel.

In einem Prozess der Entwicklung entstehen Unterschiede zwischen Mädchen und Jungen. Die Differenzen beziehen sich auf die äußere Gestalt (Morphologie), die Funktionen des Körpers und seiner Einzelteile (Physiologie) und die

Hormondrüsen (Endokrinologie). Die Ursachen beruhen auf dem Einfluss der Gene und der divergenten Hormonproduktion. Hormone werden in Hormondrüsen hergestellt und mit dem Blut transportiert. Sie wirken im Körper schon in kleinen Mengen und steuern Vorgänge in Zellen und Organen.

Im Frühstadium der Entwicklung spricht man vom Embryo, ab der neunten Woche vom Fötus. Unmittelbar nach der Befruchtung finden noch keine geschlechtlichen Differenzierungen statt. Erst nach Wochen bilden sich die weiblichen und männlichen Keimdrüsen: beim weiblichen Embryo die Eierstöcke (Ovarien), beim männlichen die Hoden. Sie produzieren männliche Geschlechtshormone (Androgene), vor allem Testosteron und in geringen Mengen weibliche Sexualhormone. Die Eierstöcke stellen die weiblichen Hormone Östrogen, Progesteron und geringfügig Testosteron her.

Hodenverlust im Frühstadium der Entwicklung verursacht auffällige Veränderungen der Erscheinung. Die Entfernung der Eierstöcke hingegen hat keine sichtbare Wirkung auf die weibliche Entwicklung. Ob sich das genetische Programm in eine weibliche oder männliche Richtung ausdifferenziert, ist von den Androgenen abhängig. Östrogene beeinflussen, welche sexuelle Orientierung der männliche Fötus ansteuert.

Die Hormone der Hirnanhangdrüse (Hypophyse), deren Funktion vom Hypothalamus des Stammhirns kontrolliert wird, befehlen die Tätigkeit der anderen Hormondrüsen. Die Hypophyse produziert das luteinisierende Hormon (LH), das follikelstimulierende Hormon (FSH) und das Prolaktin. Diese drei Substanzen werden in unterschiedlichem Verhältnis von beiden Geschlechtern produziert. Sie wirken auf Eierstöcke und Hoden, die die Keimdrüsenhormone ausschütten.

Die Mechanismen, die die Hormonproduktion steuern, sind mit der Geburt funktionsfähig. Bis zur Pubertät ist die Produktion der Keimdrüsenhormone gedrosselt. Danach beginnt zunehmend deren Aktivierung.

Es gibt Mädchen, die vermännlichte Verhaltensweisen zeigen. Verantwortlich dafür ist eine bestimmte Dosierung von Androgenen während der Fötalentwicklung. Bei diesen Kleinkindern fällt auf, dass Interessen und Aktivitäten in maskuline Richtung tendieren. Sie bevorzugen, obwohl weiblich, männliche Spielsachen und Spielpartner. Mit anderen Worten: Puppen liegen nicht im Interessenshorizont. Solche Mädchen zeigen wie Jungen Vorlieben für Risiko- und Wettkampfsituationen.

Hormone bestimmen nicht nur in der vorgeburtlichen Entwicklungsphase die Morphogenese des Organismus: Gestalt und Bau, Geschlechtsmerkmale und Gehirnstrukturen. Mädchen sind beispielsweise feinmotorischer veranlagt als Jungen. Das lässt sich beim Spielen gut beobachten. Die Geschlechtshormone bestimmen, wann beim Mädchen die Menstruation und wann beim Jungen die Ejakulation beginnt. Die Pubertät setzt beim Mädchen früher ein und ist auch eher abgeschlossen. Das erhöht die Fortpflanzungschancen und gilt kulturübergreifend. Unterschiede zwischen den Geschlechtern ergeben sich auch beim Körperwachstum, das beim weiblichen Geschlecht früher beginnt als beim männlichen. Beim Mädchen ist es etwa mit achtzehn, beim Jungen mit zwanzig Jahren abgeschlossen.

Am Ende der Entwicklung sind ausgereift: die primären Geschlechtsorgane (Genitalien), die sekundären (Behaarung, Stimme, Busen), Körperproportionen, Muskeln, sexuelle

Interessen. Es kommt zu Unterschieden in der äußeren Erscheinung. Beim Mädchen sind die Hüften breiter als die Schultern. Warum Frauen anders gehen als Männer, hat mit dem typischen weiblichen Hüftgelenk zu tun. Das Fettgewebe ist stärker ausgebildet. Reserven für Notzeiten! Männer sind im Schnitt größer als Frauen. Die Ursache liegt im Testosteron, das das Knochenwachstum begünstigt. Die Knochen im Schulterbereich sind kräftiger ausgebildet, die Extremitäten länger. Beim Werfen, Pfeilschießen und Schnelllaufen erzielen Männer bessere Ergebnisse. Das bringt Vorteile bei der Jagd, die ursprünglich dem Nahrungserwerb diente. Testosteron beeinflusst den Anteil an Muskelmasse und die Muskelleistung. Männer können zum Beispiel schwerer heben. Beim physischen Kämpfen sind sie zu größerem Kraftaufwand und zu größerer Ausdauer fähig, begünstigt durch höheres Volumen und Kapazität von Herz und Lunge.

Die Keimdrüsenhormone wirken auch auf das Verhalten: auf Stimmungen, Sexualität, kognitive Leistungen und nicht zuletzt auf die Bereitschaft zur Aggression. Hier wird das Zusammenspiel biologischer und soziokultureller Faktoren deutlich.

Androgene bewirken beim weiblichen und männlichen Fötus anatomische Unterschiede in den Gehirnstrukturen. Bei der Bearbeitung ein und derselben Aufgabe, bei Kleinkindern zu beobachten, werden im weiblichen Gehirn andere Bereiche als beim männlichen angeregt. Durch moderne Untersuchungsmethoden, wie die der Computer- und Kernspintomografie, lässt sich dies bildlich darstellen. Das Gehirn besteht aus zwei Hälften, der linken und der rechten Hemisphäre. Die linke ist für analytische, schlussfolgernde und sprachgebundene Leistungen zuständig, die rechte Hälfte für nichtverbale Fähigkeiten. Dazu gehören anschauliches, räumliches Vorstellen und Musikalität. Nach dem gegenwärtigen Stand des Wissens scheinen Frauen beispielsweise bei der Lösung sprachlicher Probleme beide Hemisphären einzusetzen. Beobachtungen im Umgang mit Kindern zeigen, dass Mädchen oft anders denken als Jungen. Das mag auf anlagebedingte Geschlechtsunterschiede und Sozialisationseinflüsse zurückzuführen sein. Die Entstehung hirnanatomischer Unterschiede beruht mit Sicherheit nicht allein auf Wirkungen, die durch das Milieu verursacht wurden. Kenner der Geschlechtsunterschiede sprechen vom ungleichen Denkstil. Mädchen denken eher prädikativ, Jungen funktional. Nach Aufforderung, einen Ball zu beschreiben, sagen Mädchen bevorzugt: Er ist bunt und rund. Es werden die Prädikate genannt. Jungen äußern eher, was man damit tun kann: rollen, werfen oder spielen. Also werden die Funktionen aufgezählt.

Erfahrungen in Familien und Erziehungseinrichtungen bestätigen: Mädchen sind im Durchschnitt verbal besser befähigt als Jungen. Kleine Mädchen bilden in der sprachlichen Frühentwicklung zuerst Wörter und Sätze. Sie artikulieren Laute präziser. Schülerinnen haben generell ein besseres Sprachgefühl, was sich in der Wortflüssigkeit und in der Rede äußert. Von Legasthenie sind Jungen stärker als Mädchen betroffen. Mädchen haben beim Erlernen des Lesens und der Rechtschreibung weniger Schwierigkeiten. Jungen sind bei räumlich-visuellen, mathematischen und analytischen Fähigkeiten gegenüber den Mädchen im Vorteil. Besonders deutlich ist der Vorsprung bei Aufgaben, bei denen Flächen und Körper in der Vorstellung gedreht werden müssen (mentale Rotation). Jungen sind auch beim technischen Verständnis den Mädchen voraus. Sie erfassen schneller und richtiger, wie beispielsweise Teile einer Maschine ineinandergreifen, wie etwas funktioniert. Über Jahrzehnte unterrichtete ich Mädchen und Jungen. Meine Praxiserfahrungen stimmen mit den Ergebnissen von Untersuchungen überein.

Der Mensch, das weibliche und männliche Geschlecht, kann sehr viele Informationen aufnehmen und verarbeiten. Frauen scheinen jedoch mehr Einzelheiten von Personen und Dingen gleichzeitig wahrnehmen zu können. Sie gewichten diese anders und verfügen über einen ausgedehnteren Blickwinkel. Frauen, Männer weniger, sind in der Lage, sich auf mehrere Sachverhalte gleichzeitig zu konzentrieren. Die Konzentrationsfähigkeit des Mannes auf einen einzigen Bereich bringt Vorteile: Zielstrebigkeit und Leidenschaft. Beide begünstigten die Aktivitäten unserer männlichen Vorfahren: Jagen, Erkunden und Forschen. Ohne diese Fähigkeiten hätten Technik und Wissenschaft, bislang eine Domäne der Männer, nicht den heutigen Stand erreicht. Nach wie vor ist festzuhalten: Frauen sind in Spitzenpositionen unterrepräsentiert. Beispiele: Naturwissenschaft, Technik, Industrie, Universität, Weltreligionen.

Frauen und Männer haben im Verlauf von Millionen Jahren unterschiedliche Anforderungen bewältigen müssen. So entwickelten sich unterschiedliche Gehirnstrukturen. Folge: Die einzelnen Funktionen sind bei Frauen und Männern auf beide Gehirnhälften verschieden verteilt. Es entstanden keine identischen, sondern ungleiche Fähigkeiten hinsichtlich des Denkens und Verhaltens.

Menschen der Urzeit lebten unter gefährlichen Lebensbedingungen. Frauen mussten die Kinder pflegen und schützen. Vieles war gleichzeitig wahrzunehmen, zu beachten und zu erledigen. Die Tätigkeiten des Mannes konzentrierten sich auf das Herstellen von Werkzeugen und Waffen und auf das Jagen. Seine Aufmerksamkeit richtete sich auf wenige Bereiche.

Inzwischen ist unzweifelhaft: Intelligenztests haben die geschlechtstypischen und damit unterschiedlichen Denkstile nicht ausreichend berücksichtigt. Frauen verfügen über höhere emotionale Intelligenz. Sie können sich besser in Personen und Dinge einfühlen.

Bei Aufgabenstellungen in den Einrichtungen von Erziehung und Schule wird kaum oder gar nicht berücksichtigt, dass Lösungsstrategien von Mädchen und Jungen in vielerlei Hinsicht anders geartet sind. Sie gehen sozusagen anders an Aufgaben heran. Dies ist den wenigsten Betreuern und Lehrern in Familie, Kindergarten und Schule bewusst. Bis heute hat sich daran nichts Wesentliches geändert. Sprachgebundene Aufgabenstellungen werden von Mädchen besser bewältigt. Die typisch femininen Defizite ließen sich durch gezielte Förderung ausgleichen. Medienkonsum, gerade bei der männlichen Generation, ist so vorherrschend geworden, dass räumliche Orientierungsübungen wohl auf dem Bildschirm, nicht aber außerhalb des Hauses stattfinden. Die Zahl der alleinerziehenden Mütter ist drastisch gestiegen. Anregungen durch Väter oder männliche Bezugspersonen, Räume in der Natur zu erkunden, fehlen weitgehend.

Mädchen sind an sozialen Beziehungen gleichen Geschlechts vorherrschend interessiert. Besuche im Nah- und Fernraum aktivieren sie daher zu größerer Mobilität. **Die exzessiven jugendlichen Mediennutzer verkommen zu körperlich inaktiven Stubenhockern: vor allem die Jungen.** Orientierung in Landschaft und Revier und damit Anregungen des räumlichen Vorstellungsvermögens werden vernachlässigt.

Heute schon ist erkennbar, dass sich dies negativ auf das mathematische Leistungsvermögen auswirkt. Durch Verkehrsmittel und Reisen ist der Aktionsradius des weiblichen Geschlechts größer geworden. Die immobile Mutter, durch Haus, Hof und Kinder auf den Nahraum eingeengt, gehört seit Langem der Vergangenheit an. Gerade junge Frauen ohne Kinder sind besonders beweglich.

Die Situation männlicher Kleinkinder unterscheidet sich von der kleiner Mädchen durch folgende Merkmale: Die Säuglingssterblichkeit liegt bei Jungen höher. Sie sind gesundheitlich anfälliger, werden häufiger und schwerer von Kinderkrankheiten heimgesucht. Auffällig ist eine größere emotionale Labilität. Sie reagieren in Anspannungssituationen ungeduldiger, reizbarer, übererregter, teils aggressiver. Sie neigen dazu, einem anderen etwas abrupt wegzunehmen. Wünsche versuchen sie ungestümer durchzusetzen. Auffällig ist ihr Antrieb zum Raufen, Toben, Lärmen: ein Verhalten, das man in Form und Intensität bei Mädchen selten beobachten kann. Jungen rivalisieren und imponieren stärker wettbewerbsorientiert. Hintergrund: In der Natur werben und konkurrieren mehrere Männchen um ein Weibchen. Jungen suchen mit Unternehmungslust nach Abenteuer und Risiko. Sie sind motorisch oft überaktiv. Unfälle kommen bei ihnen öfter vor. Ihr Verhalten erfordert größere Aufmerksamkeit und Zuwendung. Daher ist der tägliche Umgang mit Jungen strapaziöser.

Es gibt geschlechtstypische Vorlieben, die angeboren sind. Kinder lernen durch Nachahmung. Sie bevorzugen gleichgeschlechtliche Vorbilder, mit denen sie sich identifizieren. Mädchen neigen dazu, eher mit Mädchen zu spielen und Jungen mit Jungen. Auf Spielplätzen, in Kinderhorten kann man beobachten: Finden sich Spielpartner zusammen, bilden sich, normalerweise und getrennt voneinander, Gruppen von Mädchen und Gruppen von Jungen.

Früh beginnt bei weiblichen Kleinkindern das Interesse am sozialen Interagieren. Bereits als Babys suchen sie Blickkontakte häufiger und halten sie länger aufrecht als männliche. Schreien Mädchen, lassen sie sich leichter beruhigen. In späteren Jahren zeigen sie größere Kontaktbereitschaft und bevorzugen in personen- und sachbezogenen Spielsituationen den Umgang mit dem gleichen Geschlecht. Die sozialen Interaktionen sind von fürsorglichen und pflegerischen Verhaltensweisen geprägt. Entgegenkommend, nett, hilfsbereit, anpassungsfähig sind weitere ins Auge fallende Eigenschaften. Dass es Mädchen gibt, die davon subjektiv abweichen, versteht sich von selbst. Die Variabilität bestimmter Verhaltensweisen hängt von der spezifischen Sozialisation, der angeborenen Bereitschaft und dem individuellen Entwicklungsstand ab. Angeborene Verhaltensdivergenzen bewirken bei den Bezugs- und Betreuungspersonen, dass diese mit verschiedenen Verhaltensangeboten reagieren. Mädchen erfahren häufiger Zuneigung. Jungen werden stärker eingeschränkt oder diszipliniert. Eltern verstärken eher angepasstes als unangepasstes oder gar ungehorsames Verhalten. Rollenkonformes Verhalten wird insgesamt unbewusst stärker begünstigt als Verhaltensweisen, die für das Geschlecht untypisch sind.

Wie unterschiedlich Mutter und Vater im Einzelnen erziehen, darüber gibt es keine aktuellen Untersuchungen. Geschlechtstypische Einstellungen in den verschiedenen Kulturkreisen kommen hinzu, die die Interaktionen mit Kindern beeinflussen. Der Zeit- und Erziehungsaufwand für Jungen verlangt von Müttern sichtbar größere Investitionen.

Wie gesagt: Jungen sind im Schnitt gesundheitlich anfälliger. Die Mutter ist während der Schwangerschaft mit ihrem Kind gefühlsmäßig vernetzt. Sie nimmt dadurch besonders einfühlsam an der Gefühlslage teil. Hinzu kommt, dass sich eine Mutter, reagiert sie natürlich, für das Wohlbefinden hauptverantwortlich fühlt. **In der frühen Phase der Entwicklung spielen Väter bei der Pflege und Fürsorge eine geringe Rolle. Dies löst eine oft zu starke Zuwendung der Mutter aus. Die Zuwendung kann sich so steigern, dass sie in Verhätschelung mündet.** Die Last der Betreuung und Pflege von Kindern liegt auf den Müttern. Sie sind, falls ein Vater nicht zur Verfügung steht, für das Gelingen und Misslingen allein verantwortlich. Daher leiden viele Mütter unter einer erhöhten Schuldanfälligkeit. Beispiel: Verbrennt oder verletzt sich ein Kind, macht sie sich Vorwürfe, auch wenn sie nicht Verursacherin war.

Das Riesenangebot an Nahrungsmitteln verführt zu Nachgiebigkeit. Verweigert das Kind bei der Mahlzeit die Nahrung, sind Mütter zu schnell bereit, eine Alternative anzubieten. Ist das Kind in der Ablehnung über längere Zeit erfolgreich, ordnet sich die Bezugsperson mehr und mehr den Interessen des Kindes unter. Es wird gegenüber der Mutter immer mächtiger. Der Durchsetzungserfolg hat Auswirkungen: Das Kind realisiert auch auf anderen Gebieten seine Bedürfnisse. Kinder werden immer aufmüpfiger, werden zu kleinen Tyrannen. Jungen sind stärker gefährdet als Mädchen. Aufgrund des größeren Aggressionspotenzials ist Jungenverhalten von Durchsetzungskraft und Durchsetzungsausdauer gekennzeichnet.

In den wohlhabenden Schichten schwimmen die Kinder gleichsam in Spielsachen. Jungen neigen dazu, Dinge kaputt zu machen. Zerstörungswut und Zerstörung werden zu oft hingenommen. Es ist ja Ersatz vorhanden. **Ein neutrales, tolerierendes Verhalten der Aufsichtsperson als Reaktion auf Fehlverhalten erhöht die Wahrscheinlichkeit von Fehlverhaltensweisen.**

Es gibt nur ganz wenige Eltern, denen die anlagebedingte Differenz der Geschlechter bewusst ist und die ihre Mädchen oder Jungen unter solch differenzierenden Überlegungen erziehen. Im Allgemeinen neigen Mütter oder Eltern dazu, solche Spielanregungen zu geben, die ihrem eigenen Geschlecht und ihren persönlichen Vorlieben entsprechen. In den ersten Lebensjahren lernen Kinder, indem sie Vorbilder nachahmen. Dabei spielt das eigene Geschlecht eine entscheidende Rolle.

Gibt es Hinweise darauf, dass Mädchen von klein auf hinsichtlich der Sprachentwicklung Jungen gegenüber im Vorteil sind?

Mädchen suchen, wie gesagt, nach der Geburt früher und intensiver den Blickkontakt mit der Mutter. Sie reagieren auf Stimmen, bevor Jungen dazu fähig sind. Als Kleinkinder richten Mädchen ihre Aufmerksamkeit auf Puppen. Sie variieren kommunikativ Themen, wie „Einkaufen", „Mutter und Kind", „Familie". Ob sie im oder außerhalb des Hauses spielen, verhalten sie sich kooperativer. Positive Impulse begünstigen die Entwicklung der Sprachfähigkeit.

In den Familien mit übersteigertem Medienkonsum (Fernsehen, Computerspiele, Internet) leidet die sprachliche Kommunikation. Sprach-, Sprech- und Stimmstörungen sind zunehmend festzustellen. Nicht nur das: Medienkonsum fördert körperliche Passivität. In Verbindung mit falscher Ernährung werden Kinder immer übergewichtiger. Folge: Störungen im Bereich der Motorik und Körperkoordination. Jungen sind auffallend häufiger betroffen als Mädchen. Bildschirmmedien verdrängen oder ersetzen seit Langem und zunehmend die Printmedien. Passivität und Bequemlichkeit wirken sich ungünstig auf das Leseverhalten aus. Eine beträchtliche Zahl von Kindern kommt in den Kindergarten, ohne je ein Buch gesehen zu haben. Die Kindergärten allein sind nicht in der Lage, die Defizite auszugleichen. Mangelnde Einsicht und fehlende Kooperationsbereitschaft der Eltern verhindern zufriedenstellende Erfolge. Mädchen nutzen die neuen Medien deutlich weniger als Jungen. Insofern sind sie nachteiligen Reizen weniger ausgesetzt. Medieninhalte von Gewalt und Horror und der spielende Umgang damit interessiert Jungen besonders. Exzessiver Medienumgang, eine Domäne der Jungen, reduziert die Leistungsfähigkeit im kognitiven und körperlichen Bereich.

Mädchen zeigen eine größere Lesemotivation und damit bessere Leseleistungen. Anders ausgedrückt: Unabhängig von der Leseleistung besteht hinsichtlich der Freude und des Interesses am Lesen ein deutlicher Unterschied zugunsten der Mädchen. Das Buch als traditionelles Lesemedium wird eindeutig von Mädchen bevorzugt. Auf Texte im Internet oder Sachbücher greifen häufiger die Jungen zu. Von daher ist zu überlegen: Gibt es Inhalte und Methoden, die so verändert werden müssen, dass sie Geschlechtsunterschiede stärker berücksichtigen. Konkreter: Die Leseleistungen von Jungen lassen sich vielleicht eher fördern, wenn sie mit interessanten Sachtexten konfrontiert werden. Lesen ist eine Kernkompetenz der Kommunikation. Entstehen hier Defizite, wirkt sich dies auf die übrigen Kompetenzen aus. Lernfähigkeit im Sinne von Verstehen, Denken, Formulieren ist nun einmal von der Sprache abhängig. Lese- und Textverständnis sind unabdingbare Voraussetzungen für das Bearbeiten von Frage- und Aufgabenstellungen, zum Beispiel im mathematischen und naturwissenschaftlichen Bereich. Die Leistungsfähigkeit von mathematisch begabten Jungen etwa leidet, wenn erhebliche sprachliche Mängel vorliegen. Es bleibt festzuhalten: **Ungenügendes Leseverständnis von Jungen behindert Lern- und Verhaltensfortschritte in allen Unterrichtsbereichen.**

Aus den PISA-Studien ergibt sich ein enger Zusammenhang zwischen der sozialen Herkunft der Schüler und der Lesekompetenz. Kinder mit einer sehr niedrigen Lesefähigkeit stammen überproportional aus sozialen Unterschichten. Nach dem Zweiten Bericht der Bundesregierung „Zu den Lebenslagen in Deutschland" (Armutsbericht 2004) haben Kinder von Gutverdienern eine 7,4-fach größere Chance, ein Studium aufzunehmen, als Sprösslinge aus einem Elternhaus mit niedrigem sozialen Status. Besonders problematisch stellt sich die Situation von Kindern aus Migrantenfamilien mit niedrigem Bildungsniveau der Eltern dar. Die Jungen sind hier die größte Risikogruppe.

In den Erziehungs- und Bildungseinrichtungen wird zu wenig getan, um motorische, sprachliche, kognitive, seelische, musische Anlagen zu fördern. Es gibt sensible Phasen der Entwicklung. Werden bestimmte Funktionen des Gehirns zu dem entsprechenden Zeitpunkt nicht gefordert und gefördert, gehen sie verloren. Die Ausreifung des Gehirns beginnt frühzeitig. Daher ist eine frühe, ja früheste Förderung so bedeutsam. Eine Vernachlässigung von Lernmotivation und Begabung kommt einer pädagogischen Sünde gleich.

Bei der Geburt ist das Gehirn noch unvollkommen ausgebildet. Es verfügt nicht einmal über die Hälfte seines späteren Gewichtes. Vor Schulbeginn hat es sein Endgewicht erreicht. Wesentlich ist vor allem seine innere Struktur. Die äußeren Signale, die über die Wahrnehmung nach innen gelangen, beeinflussen die Tatsache, wie sich die Nervenzellen vernetzen. Die Frage lautet: Wie kann man frühzeitig solche Anregungen geben, damit Kinder optimal gefördert werden?

Eine ständige Überflutung mit Medienreizen überlagert das Lernen durch Tun und Handeln, durch Erfahrung. Entdeckende Neugier wird blockiert, verhindert das Erschließen neuer Welten durch Lesen.

Die in der frühen Kindheit für die Betreuung und Erziehung hauptverantwortlichen Mütter und Frauen müssen ihr tägliches Routineverhalten überdenken und lernen, wie man positive Anregungen gibt. Der erzieherische Bereich wird eindeutig von Frauen dominiert. In Kindergärten und Grundschulen ist der männliche Erzieher eine Ausnahmeerscheinung. Daher überwiegt unvermeidlich das frauentypische Lehren, Lernen, Spielen und Verhalten. Einziger Lösungsweg: frühzeitige individuelle Förderung in allen Erziehungseinrichtungen. Nur kleine Lerngruppen verbessern die Unterrichtsqualität. Reduktion exzessiven Medienkonsums durch Aufklärung und Kontrolle. Erhöhung des Männeranteils an Schulen.

Vor der Geburt meiner Kinder waren mir unterschiedliche Dispositionen und deren Auswirkungen im Erziehungsprozess, das Wechselspiel von Anlage und Umwelt bewusst. Ich habe beiden Mädchen von Anfang an in Spiel- und Realsituationen vielfältige, für Jungen typische Anregungen gegeben. Wir haben kleine Maschinen aus Spielsachen in Einzelteile zerlegt und deren Funktion erklärt. Oder oft gemeinsam mit Holz gewerkelt: gesägt und gehämmert. Bei beiden ist kein bleibendes Interesse „hängen" geblieben. Sie gingen in ihrem späteren Leben anderen Neigungen nach, nämlich sprachlichen und künstlerischen.

Wer mit Kindern umgeht, ob Frauen oder Männer, neigt

dazu, ruhiges Spielen und Arbeiten konfliktbelastendem vorzuziehen. Friedlicher Umgang ist einfacher. Er erhöht die Konzentrationsfähigkeit, entlastet die Tätigkeiten und bringt bessere Resultate. Mädchen fällt es leichter, sich entsprechend anzupassen. Das verschafft ihnen Verhaltens- und Leistungsvorteile. Sind Jungen im Vergleich negativ auffällig, heben sich Mädchen vor einem solchen Hintergrund positiver ab.

Werden Mädchen und Jungen gemeinsam unterrichtet, sind sie zu gemeinsamen Aktivitäten in einem Klassenraum gezwungen. Die Interaktionen sind von dem Verhältnis der Schülerzahl zu der Größe des Raumes abhängig. Bei einer hohen Schülerzahl in einem kleinen Raum kommt es häufiger zu Konflikten. Ausweichmöglichkeiten in großen Klassenräumen wirken sich auf das Sozialverhalten günstiger aus. Lehrerinnen und Lehrer neigen im routinemäßigen Unterrichtsalltag dazu, weibliche und männliche Schüler relativ gleich zu behandeln. Große Lerngruppen verstärken eine solche Tendenz. Tägliches Unterrichten von jungen Menschen beansprucht so stark, dass man auf individuelle Bedürfnisse kaum eingehen kann. Das Bewusstsein und die Notwendigkeit, auf Schülerverhalten geschlechtsspezifisch zu reagieren, ist noch zu wenig verbreitet. Bei Gruppenarbeit ist zu beobachten, dass es leicht zu Streitigkeiten kommt, wenn die Mädchen den Jungen Anweisungen geben. Jungen lassen sich nicht so ohne Weiteres von Mädchen und weiblichen Lehrern um etwas bitten oder gar befehlen. Umgekehrt: Dominante Jungen haben es leichter, sich gegenüber Mädchen durchzusetzen. Sie neigen (von Natur aus) dazu, sich durch Verhaltensweisen des Imponierens zu profilieren, und zwar gegenüber beiden Geschlechtern. Mädchen erregen durch ihre Zurückhaltung weniger Beachtung. Das bedeutet: Ihr Tun wird stärker ignoriert. Ihre Aktivitäten fallen weniger ins Auge, werden geringer geschätzt und daher oft einfach hingenommen. Das Aufmerksamkeitssimponieren männlicher Schüler gegenüber Mädchen kann so weit gehen, dass diese sich unterdrückt oder gar gedemütigt fühlen. Bei dünnhäutigen Mädchen leiden dann Selbstvertrauen und Selbstwertgefühl.

Ein Erfahrungsbeispiel: Ein männlicher Grundschüler spielte sich bei der Gruppenarbeit ständig so in den Vordergrund, dass Mädchen nicht zum Zuge kamen. Duldet man dies, bekräftigt man das Verhalten. Der Junge wird anschließend noch selbstbewusster. Gesteigerte Umtriebigkeit von Jungen macht so manches Mädchen schüchtern, ängstlich und führt zu Selbstwerteinbußen.

Ich habe zahlreiche Unterrichtssituationen beobachten können, in denen mehrere Jungen einer Klasse durch fortwährendes Dominanzstreben die Aufmerksamkeit auf sich lenkten. Die Lehrerin war nicht in der Lage, dieses störende Verhalten auf ein erträgliches Maß zu reduzieren. Lösungsversuche hatten zur Folge, dass sich die dominanten Schüler weigerten, ihr Verhalten zu ändern. Um zukünftige Konflikte zu vermeiden, ließ die Lehrerin die Jungen gewähren.

In Grundschulen bis zum Abitur zeigen Mädchen in Deutschland im Durchschnitt eine ausdauerndere, ordentlichere, gewissenhaftere Arbeitshaltung als Jungen.

Weibliche Betreuer geben in Erziehungs- und Lernsituationen andere Hilfestellungen und Anregungen. Ein bestimmter Umgang mit Materialien verlangt feinmotorische Fähigkeiten. Wird Basteln, von besonderem Interesse für Mädchen, zeitlich und inhaltlich überbetont, vernachlässigt man die Vorlieben von Jungen. Letztere bevorzugen aus dem Bereich der Bewegungsspiele beispielsweise solche mit

Wettkampfcharakter. Kampf- und Jagdspiele verabscheuen Mädchen.

Interagieren Mädchen mit dem anderen Geschlecht, setzen sich Jungen meist durch. Darunter leidet das Selbstwertempfinden der Mädchen. Hierin liegt einer der Gründe, warum die naturwissenschaftlichen Leistungen der Mädchen unter koedukativen Lernbedingungen negativer ausfallen. Bei Geschlechtertrennung fallen die Ergebnisse besser aus.

Mädchen neigen noch immer dazu, ihre Fähigkeiten zu unterschätzen. Die Ursache für eigenes Versagen suchen sie zuerst bei sich selbst anstatt in den Bedingungen. Das mindert ihr Selbstvertrauen und wirkt sich im Einzelfall ungünstig auf die Leistungsbereitschaft aus. Diese Beobachtung steht nicht im Gegensatz zu dem Faktum, dass Leistungsbereitschaft und Leistungsfähigkeit von Mädchen sich im Durchschnitt sichtbar verbessert haben. Die heutige Mädchengeneration ist nicht mehr so angepasst und unterwürfig wie in früheren Zeiten. **Schülerinnen sind in folgender Fähigkeit den männlichen Schülern überlegen: Sie haben das bessere Gespür, wie sie sich zu verhalten haben, um vom Unterrichtenden positiv beurteilt zu werden.**

Verhaltensweisen, die den Lernprozess aufhalten, sind als problematisch zu bezeichnen. Sie bewirken, dass lernwillige Schüler nicht lernen können. Ein Lehrer, weiblich oder männlich, will mit seinem Unterricht beginnen. Schüler laufen im Klassenraum herum, schwatzen, essen und trinken. Der Pädagoge ermahnt und tadelt. Das störende Verhalten wird fortgesetzt. Während des Unterrichts springen Schüler spontan auf, klopfen auf den Tisch, nehmen dem Sitznachbarn etwas weg, schubsen, rempeln, schreien und dergleichen. In der Pause etwa wird das Schulgelände verlassen, Müll an beliebigen Stellen fallen gelassen. Im Winter ist es sinnvoll, das Werfen mit hartem Schnee oder Eisbällen zu verbieten. Mädchen übertreten dieses Verbot nur selten. Jungen nutzen jede Gelegenheit, wenn sie von der Aufsicht nicht gesehen werden, auf Mitschüler und Dinge zielgenau zu werfen. Falls Mädchen dies dennoch versuchen, dann weniger treffsicher und vorsichtiger. Jungen fallen durch Fehlverhaltensweisen um ein Vielfaches stärker auf: durch Prügeleien, Aggressionen und Gewalttätigkeiten.

Auf der Basis eigener und vergleichender Erfahrung im Unterricht und in den Familien gehen Mädchen im Durchschnitt zügiger an Arbeitsaufträge und Hausaufgaben heran. Sie arbeiten ausdauernder, gewissenhafter und ordentlicher. Dies zeigen Arbeitshefte und Ergebnisse. Mit anderen Worten: Bei Anweisungen und Ausführungen von Aufträgen kann man sich auf Mädchen eher verlassen.

Mütter (Frauen) scheinen ihren Söhnen gegenüber oft zu nachsichtig zu sein, was die besondere Geschlechterbeziehung begünstigt. Die emotionale Beziehung zwischen Mutter und Sohn beinhaltet auch eine erotische Komponente. Das schwächt die Erziehungskonsequenz. Übertragen auf die übrigen Erziehungsinstitutionen spielen vergleichbare Mechanismen eine Rolle. Beispiel: Eine Erzieherin oder Lehrerin wird von einem Jungen erotisch „besetzt". Sie merkt dies und bevorzugt ihn. Dieser Junge wiederum imponiert durch Lautstärke, um die Aufmerksamkeit der „Geliebten" auf sich zu lenken.

Angenommen: In Kindergärten und Grundschulen würden die männlichen Pädagogen überwiegen, dann wäre davon auszugehen, dass vergleichbare gefühlsmäßige Übertragungen zwischen Erzieher und dem zu erziehenden Mädchen abliefen. Nur: Mädchen praktizieren unscheinbarere Formen des Verhaltens, um beachtet zu werden.

Von der Tendenz her stimmt die Aussage mit der Alltagsrealität überein: Der Mann ist der Frau physisch überlegen (im körperlichen Zweikampf). Die Frau ist dem Mann hinsichtlich des Einfühlungsvermögens (Empathie) im Vorteil.

Die durchschnittliche Körpergröße von Männern liegt über der von Frauen. In der Leichtathletik werden alle Weltrekorde von Männern gehalten. Zeigen der Klang der weiblichen oder männlichen Stimme und zaghaftes oder machtvolles Auftreten auf Jungen oder Mädchen unterschiedliche Wirkungen? Ein „großer starker" Mann setzt im Konfliktfall häufiger seine Körperkraft gegenüber Heranwachsenden ein als eine „kleine schwächliche" Frau. Er packt zum Beispiel einen 15-jährigen Schüler fest am Oberarm, um ihm deutlich zu machen: Jetzt ist aber Schluss. Eine zierliche Lehrerin würde sich gegenüber einem hochgewachsenen kräftigen Schüler auf diese Art lächerlich machen. Da sie dies weiß, unterlässt sie von vornherein eine derartige Auseinandersetzung. Auftreten und Wirkung sind entscheidend von der Körpergestalt abhängig. Schüler kontrollieren sich bei einer physisch dominanten Person instinktiv und damit unbewusst stärker als bei einer kleinen „kraftlosen". In verhaltensschwierigen Klassen pubertierender Schüler kann sich erfahrungsgemäß ein körperlich großer Lehrer konsequenter durchsetzen. Dadurch treten im Unterrichtsprozess weniger Disziplinschwierigkeiten auf. Eine zu große Nachsicht führt oft zu mangelnder Selbstkontrolle bis hin zu völlig ungesteuertem Verhalten seitens der Schüler. Wer „weich" ist und damit eher zur Weichheit neigt, wo Härte angemessen wäre, ist im Durchsetzungsprozess weniger erfolgreich. Zu weite Spielräume (ohne Regeln) bewirken, dass Schüler Leistungsanforderungen ausweichen. Dies kann im schlimmsten Fall dazu führen, dass sie Schulabschlüsse nicht erreichen.

Der physische Aggressionstrieb, verbunden mit offener Aggressionsbereitschaft und Durchsetzungskraft, ist beim männlichen Geschlecht, wie gesagt, im Schnitt stärker ausgeprägt. Mindestens 90 Prozent aller Mörder sind männlich. Ursprünge: Die Verteilung des Menschen auf dem gesamten Erdball erforderte gegenüber feindlichen Konkurrenten ständige rücksichtslose Aggressivität, kriegerische Gewalttätigkeit, perfektioniertes Töten, um zu überleben. Männer morden, um sich gegenüber dem Rivalen einen Reproduktionsvorteil zu verschaffen. Sie überfielen Stämme, töteten Männer und erbeuteten deren Frauen. Es gibt keine Kultur, bei der es umgekehrt war. Jungen vermitteln in Diskussionen den Eindruck, aktiver und aggressiver zu sein. In Gruppen, Klassen (Kindergarten, Schule) und Seminaren (Universität) konnte ich bei männlichen Personen eine stärkere sprachliche Dominanz wahrnehmen. Sobald eine Gruppe nur wenige Mitglieder zählte, brachten sich Mädchen ebenso stark ein.

Im Bewerbungsgespräch verhalten sich Frauen anders als Männer. Männliche Bewerber stellen sich kompetenter dar als Bewerberinnen. Durch einen dominanteren Sprachgebrauch „verkaufen" sie sich besser. Abweichungen vom männlichen Sprachgebrauch werden oft als Schwäche ausgelegt.

Eine weitere Erklärung liefert die Evolutionsbiologie. Der geschlechtsreife Mann lenkt die Aufmerksamkeit durch Imponieren auf sich. Im Wettkampf mit Rivalen bevorzugt die Frau den Stärkeren. Damit erhöht sich die Chance, dass entsprechende Gene weitervererbt werden.

Identifizieren sich Jungen im Erziehungsprozess zu sehr mit weiblichen Eigenschaften, könnte eine Bereitschaft zu einer femininen Charakterstruktur entstehen.

Mädchen bevorzugen andere Spielgegenstände (z. B. Puppen) als Jungen (z. B. Autos). Weibliche Erzieher in Familien, Kindergärten, Grundschulen unterliegen in Spielorganisationen der Gefahr, durch typisch weibliche Spielangebote unbewusst Mädchen zu begünstigen. Dadurch werden Jungen benachteiligt. Lehrer neigen dazu, Schülern das nahezubringen, was ihren Begabungen und Vorlieben entspricht. Es gibt nur wenige Lehrerinnen, die mathematisch-naturwissenschaftliche Fächer unterrichten. Deren Inhalte werden von Frauen anders vermittelt als von Männern. In Grundschulen unterrichten fast ausschließlich Frauen. Dadurch erhöht sich die Wahrscheinlichkeit, dass Aspekte der Technik und der Naturwissenschaften zu kurz kommen.

In sozialen Systemen haben sich Regeln entwickelt, die für den Zusammenhalt und die Orientierung notwendig sind. Die in Vorschule und Grundschule noch nicht abgeschlossene Vernunftentwicklung kann auf Regeln als Verhaltensrichtschnur nicht verzichten. Daher benötigen junge Menschen Vorbilder, die als Leitlinie dienen.

Männer erwarten und verlangen in Erziehungs- und Unterrichtssituationen strikter als Frauen, sich an vorgegebene Regeln zu halten. Ein männlicher Erzieher und Lehrer demonstriert (körpersprachlich und verbal): Ich bin der Boss. Seine Interaktion mit Schülern vermittelt das Bild einer Pyramide, einer hierarchischen Ordnung, in der er als Ranghöchster agiert (regiert).

Der Unterrichtsstil von Lehrern während der nationalsozialistischen Diktatur und nach 1945 war überwiegend autokratisch. Diese Pädagogen waren in einem autoritären Gesellschaftssystem mit den entsprechenden Strukturen von Befehl und Gehorsam aufgewachsen. Die jetzige Lehrergeneration, geprägt von einem demokratischen Umfeld, zeigt einen sozialintegrativen, partnerschaftlichen Führungsstil. Frauen neigen stärker zu einer vernetzten Kommunikation gegenüber den zu Erziehenden. Das bringt erhebliche Nachteile: Kinder denken in Rangordnungen. Werden im Gruppenprozess die Strukturen der Rangordnung relativiert oder aufgehoben, besteht die Gefahr der Destabilisierung des Verhaltens. Konsequenz: Undisziplinierte bis chaotische Zustände können dazu führen, dass ein geordneter Unterricht aus dem Ruder läuft. Leistung bleibt auf der Strecke.

Bemüht sich eine Frau, charakteristisch in Familie und Beruf, zu sehr, ja bis zur Selbstverleugnung um andere, wird das von Kindern, je nach Alter, oft als Schwäche ausgelegt. Autorität wird infrage gestellt und unterminiert. Eine zu starke Zuwendung in der einen Richtung kann aufseiten der Schüler so missverstanden werden, dass sich Kinder zu große Freiräume herausnehmen und sie ausnutzen. Folge: Mitschüler werden gestört, geärgert, provoziert und am Arbeiten gehindert. Aufgrund des Alters ist die Fähigkeit zur Einsicht noch begrenzt. Soll heißen: Klare Regeln stärken die Orientierungsfähigkeit bei denjenigen, die noch nicht in der Lage sind, ihr Verhalten durch Einsicht vernünftig zu steuern. In Spiel- und Lerngruppen des Kindergartens und der Grundschule helfen Argumente als demokratische Kommunikationsform selten, um notwendige Verhaltensweisen zu erzielen. Daher erreichen Autoritäten mit Durchsetzungskraft ihre Ziele wirkungsvoller. Wichtig ist allerdings, dass weibliche und männliche Betreuer ihre Erziehungsentscheidungen begründen.

Der starke und überstarke Bewegungsdrang von Jungen innerhalb einer großen Klasse wirkt sich ungünstig auf die Lernatmosphäre aus. Unkontrolliertes Herumlaufen im Klassenraum, spontanes Hineinschreien während eines

Konzentrationsprozesses oder Provokationen von Mitschülern stören das Lernverhalten. Jungen werden häufiger ermahnt, getadelt oder bestraft. Beim Abfragen von Lernzielen in Leistungstests stellt sich heraus, dass die Ergebnisse von Jungen größere Mängel aufweisen. Hauptursache: Ihnen fehlen notwendige Grundkenntnisse, weil sie zu oft abgelenkt und unkonzentriert sind. Mädchen verhalten sich im Unterrichtsprozess im Durchschnitt lernwilliger. Dies äußert sich in größerem Fleiß und in besserer Arbeitshaltung.

Es liegt auf der Hand, dass Störverhaltensweisen negativ empfunden und sanktioniert werden. In großen Lerngruppen sind solche Verhaltensweisen wahrscheinlicher als in kleinen. Außerdem hat in kleinen Klassen ein Lehrer zu jedem Schüler einen engeren persönlichen Kontakt als in anonymen Großklassen. Ein Schüler kontrolliert sich in seinem Verhalten stärker, wenn die Entfernung des Lehrers zu seiner Person geringer ist.

Ein begabter Schüler, der fortwährend stört, vergiftet das Unterrichtsklima. Darunter leiden alle. Denn derjenige, der lernen will, kann nicht lernen. Also sind negative Sanktionen unvermeidlich. Ein Lehrer ist nicht zu jeder Zeit in der Lage, bei der Beurteilung durch Noten zwischen Leistungsfähigkeit und Verhalten zu trennen. Unweigerlich führt abweichendes Verhalten zu schlechteren Noten.

Das Verhalten von Mädchen hingegen ist kommunikativer, daher weniger schwierig. Entsprechend besser fallen die Beurteilungen aus.

Bis zum Ende der Grundschulzeit, bis zum Alter von etwa zehn Jahren, fehlt vielen Jungen der Lehrer als männliche Bezugsperson. In den Familien ist der Vater während des Erziehungsprozesses überwiegend abwesend. Alleinerziehende sind nahezu ausschließlich Mütter. Die überwiegende Identifikation mit einer Frau scheint sich für Jungen so auszuwirken, dass Leistungsbereitschaft und Leistungsfähigkeit darunter leiden. Der Mann als Rollenvorbild für Mädchen, zumindest bis zum Ende der Grundschulzeit, ist nahezu gänzlich in den Hintergrund getreten. Im familiären Bereich bleibt die Tatsache der weitgehenden Abwesenheit des Vaters bestehen. Die Daten bestätigen: Dadurch entstehen für Jungen größere Nachteile als für Mädchen.

Es ist davon auszugehen, dass Männer selbstsicherer auftreten. Frauen äußern zu sehr vorsichtige Zurückhaltung. Zum Aufbau von Selbstsicherheit sind gerade männliche Beziehungspersonen notwendig. Dennoch muss konstatiert werden: Die jetzige Mädchengeneration ist im Vergleich zu früher deutlich selbstbewusster. Dafür gibt es zahlreiche Gründe. Mädchen werden weniger angepasst und verhaltenseinschränkend erzogen. Sie verfügen von klein auf über größere Verhaltensspielräume. Sozialisationseinflüsse durch das materielle und mediale Umfeld begünstigen dies. Konsumwünsche in Bezug auf Nahrung, Kleidung, Taschengeld usw. werden häufiger und schneller erfüllt.

Die geschlechtsspezifischen Wirkungsmechanismen sind zu wenig erforscht. Man weiß, dass Hormone entscheidenden Einfluss auf die Entwicklung nehmen.

Es lässt sich überall, wo Kinder spielen, auf Spielplätzen, in Kindergärten, in Grundschulen oder anderswo, beobachten: Kleine Jungen nutzen jede Gelegenheit zu körperlichen Rangeleien. Spielerisch erproben sie den Ernstfall. Antriebe zum Dominanzverhalten und Imponieren äußern sich wie folgt: Sie treten anfangs dem Gegner gegenüber überlegen auf, ergreifen dann aber die Flucht. Die Selbsteinschätzung „ich bin stark" oder „ich bin stärker" ermutigt zum Ausprobieren der eigenen Kräfte. Schon Jungen im Kleinkindalter neigen zur Selbstüberschätzung. Das ist normal, denn die eigenen Fähigkeiten werden durch Erfahrungen ausgetestet. Vergleichbares ist bei kleinen Mädchen nicht wahrnehmbar. Vermutlich handelt sich um einen angeborenen Geschlechtsunterschied. Es mag sein, dass Kämpfen von Jungen eher geduldet wird als von Mädchen. Letztere neigen auf diesem Gebiet zu stärkerer Hemmung und Vorsicht. Sie besitzen die Fähigkeit, sich so anzupassen, dass ihnen Umsicht bei den Beziehungspersonen Vorteile bringt. Diese Eigenschaft kommt ihnen später in Schule und Unterricht zugute.

Unterschiedliches Verhalten der Geschlechter hat sich entwickelt, weil es im Prozess der Stammesgeschichte Nutzen brachte. Vorsicht und Umsicht des weiblichen Geschlechts stellen günstige Voraussetzungen dar, um zu überleben. Solche Eigenschaften erhöhen zusätzlich die Wahrscheinlichkeit, den „Richtigen" für die Fortpflanzung auszuwählen.

Unruhiges und aufsässiges Verhalten von Jungen stört die Konzentrationsprozesse beim Arbeiten und Lernen. Entsprechend fallen die Leistungsbeurteilungen für Jungen im Vergleich zu denen der Mädchen negativer aus. Berufsfelder mit sprachlichen Anforderungen haben in den letzten Jahrzehnten zugenommen. Daher der enorme Anstieg von Frauen. Der Anteil der Jobs, die Körperkraft verlangen, nehmen aufgrund der gestiegenen Technisierung zusehends ab. Dienstleistungsbereitschaft und die Fähigkeit zur Kommunikation sind mehr und mehr gefragt.

All diese Fähigkeiten, verbunden mit Einfühlungsvermögen und Behutsamkeit, erhöhen die Wahrscheinlichkeit, dass Mädchen gegenwärtig in Erziehungseinrichtungen und Schulen insgesamt erfolgreicher agieren als Jungen. In Lerngruppen, in denen sich beispielsweise die Lern- und

Verhaltensschwierigkeiten von Jungen deutlich negativer von denen der Mädchen abheben, neigen Unterrichtende dazu, die Fähigkeiten von Mädchen besser zu beurteilen. Ob dies stets realistisch und objektiv ist, sei dahingestellt. Bequemlichkeitshaltungen, wie sie inzwischen verstärkt bei Jungen vorkommen, wirken sich nachteilig auf die Kompetenzen im sprachlichen und mathematischen Bereich aus. Der Hinweis darf nicht fehlen: Der Anteil problematischer Verhaltensweisen hat sich auch bei Mädchen erhöht, jedoch bei Weitem nicht in dem Maße wie bei Jungen.

Das Verhalten von Jungen ist in den vergangenen Jahrzehnten spürbar schwieriger geworden. Der Punkt ist erreicht, wo man feststellen muss: Immer mehr Jungen, weniger Mädchen, wachsen ihren Müttern und Erzieherinnen über den Kopf. Typische, sich immer wiederholende Verhaltensformen sind: unkontrolliert, frech, arrogant, zerstörerisch. Dies strapaziert. In den Fünfziger- und Sechzigerjahren waren Jungen deutlich zurückhaltender. Eine strengere Gewissenserziehung baute Hemmungen auf. Negative Medien- und Konsumwirkungen gab es nicht. Verwerfliche Verhaltensvorbilder stecken an. Die Bereitschaft zum abweichenden Verhalten hat zugenommen.

Väter spielen aufgrund der überwiegenden Abwesenheit im Erziehungsprozess nicht die Rolle, die sie verantwortlich spielen müssten. Mein Eindruck: Mütter, Frauen, Erzieherinnen, Lehrerinnen fördern ungewollt zu sehr feminines Verhalten. Das Identifizieren mit männlichen Eigenschaften und Verhaltensmustern kommt aus bekannten Gründen zu kurz, vor allem angesichts der riesigen Zahl alleinerziehender Mütter.

In den Köpfen von Kindern herrschen nach wie vor klischeehafte Vorstellungen: Frauen als Lehrerinnen brauche man nicht so ernst zu nehmen. Sie seien klein, schwach, zu weich, nachgiebig, hilflos und nicht so gewitzt. Sie können sich nicht so gut durchsetzen. Männer seien größer, stärker, mächtiger, aggressiver, weniger ängstlich, konsequenter, gescheiter, kompetenter, bestrafen eher. Beobachtbar ist: Der Grobmotorik von Jungen kommen bestimmte Aktivitäten entgegen, wie der Umgang mit Robotern, Autos, Tätigkeiten des Hebelns, beim Bauen und Spielen. Die feinmotorischen Mädchen beschäftigen sich bevorzugt mit Puppen, Plüschtieren, Geschirr, Verkleidungen, sie malen und kneten lieber. Kulturvergleiche bestätigen: Jungen zeichnen sich dadurch aus, dass sie sich durch Raufen und Kämpfen von Mädchen unterscheiden. Mädchen tendieren dazu, gefährliche Konfliktlagen zu meiden.

Krise des Männlichen?

Ausblick

Die Geschlechterrealität in den Erziehungs- und Bildungseinrichtungen bis zum Ende der Grundschulzeit ist extrem ungleichgewichtig. Männer als Rollenvorbilder und Rollengegenbilder spielen nur eine untergeordnete Bedeutung. Hinzu kommt die Tatsache, dass Mütter und Frauen (Omas, Tanten) bei der Kinderbetreuung und Erziehung in den Familien zeitlich eindeutig dominieren.

Verhaltensauffälligkeiten bis hin zu Verhaltensstörungen ist ein deutlich sichtbarer Trend bei Jungen. Viele junge Männer zeigen Symptome der Verweichlichung. Liegen die tieferen Gründe gar in einer überzogenen Fürsorge und Nachgiebigkeit von Frauen gegenüber Jungen? Im Alter von vierundzwanzig Jahren lebt fast die Hälfte der Söhne noch bei den Eltern, mit dreißig sind es immerhin noch rund 15 Prozent. Töchter ziehen deutlich früher zu Hause aus.

Enorme Verhaltensschwierigkeiten jedenfalls haben die Jungen in ihrer Leistungsbereitschaft und Leistungsfähigkeit in den letzten Jahrzehnten zurückgeworfen, zu ihrem Nachteil, zum Vorteil der Mädchen jedoch, die die Jungen in vielen Bereichen eindeutig überholt haben. Also: Die von Frauen unbewusst anerzogenen Eigenschaften haben sich in einem ungünstigen Wohlstandsumfeld zu Schwächen entwickelt. Identifizieren sich Jungen zu sehr mit der weiblichen Eigenschaft der Vorsicht und Zurückhaltung, könnte sich eine Feminisierung der Charakterstruktur aufbauen. Im konfliktreichen Alltag fehlt es dann an Entscheidungs- und Durchsetzungswille.

Körper- und Muskelkraft, eine typische Eigenschaft des

Männlichen, wird nicht mehr in dem Maße gefordert wie in der agrarisch-handwerklichen Gesellschaft früherer Zeiten. Moderne Maschinentechnik ersetzt auf vielen Arbeitsebenen schweres Heben. Auf allen Gebieten, in denen es um technisches Verständnis geht, dominieren nach wie vor die Männer. Dies könnte sich in naher Zukunft ändern, wenn Jungen immer stärker Leistungskraft und Ehrgeiz verlieren. Das wohlstandsverwöhnte männliche Geschlecht ist zusehends bequemer geworden. Die Verweichlichungsprozesse schreiten munter voran, wohingegen die Mädchen und Frauen nicht nachgelassen haben, nach vorne zu spurten. Bei den Abschlussprüfungen in Elektrotechnik und bei den Tischlern schneiden inzwischen die weiblichen Auszubildenden besser ab als die männlichen.

Nach meinem Eindruck als Lehrer sind die Mädchen besser befähigt, ihre Stärken und Schwächen realistischer einzuschätzen als ihr männliches Pendant. Letztere neigen dazu, besonders im Jugendalter, sich oftmals maßlos zu überschätzen. Im Rivalitätskampf in der Natur war dies eine sinnvolle Eigenschaft. Denn Imponieren mit Risikofreude hatte die Funktion, Gegner abzuschrecken, bevor der Überlebenskampf begann. Eine solche ursprünglich positive Eigenschaft hat in einer Verwöhnungsgesellschaft ihre Bedeutung verloren.

Bessere Wahrnehmungsfähigkeit, höhere emotionale Intelligenz und Kommunikationsfähigkeit führen dazu, dass Frauen Menschen und Situationen angemessener und vollständiger erfassen. Dadurch erreichen sie auf Arbeitsgebieten, in denen solche Kompetenzen abverlangt werden, eine größere Effizienz und Produktivität.

In der Altersstufe unter dreißig besetzen inzwischen ebenso viele Frauen Führungspositionen. Im Alter von dreißig bis fünfundvierzig ist der Anteil der Männer doppelt so hoch.

In 22 Prozent der etwa 1,3 Millionen mittelständischen Betrieben mit bis zu fünfhundert Mitarbeitern ist der Chef eine Frau. Im Jahre 2001 betrug der Anteil noch 19 Prozent. In den Vorständen der größten Kapitalgesellschaften liegt der Frauenanteil bei 1 Prozent. Nichtsdestotrotz ist der Anteil der Frauen in den Spitzenpositionen seit 1995 deutlich gestiegen. Derzeit gibt es bei den dreißig größten börsennotierten Unternehmen gerade einmal zwei weibliche Vorstände.

Mit der ersten Bundeskanzlerin in Deutschland hinkt die Konzern-Männerwelt der Politik noch weit hinterher. Frauen in Führungspositionen haben in den Bereichen Politik und Medien in den vergangenen Jahrzehnten unübersehbar zugenommen. In der Auto- oder Rüstungsindustrie dagegen sind selbst in der zweiten Reihe des Managements kaum Frauen auszumachen. Die Chancen für das weibliche Geschlecht in den Bereichen Pharma und Lifestyle werden wachsen.

Europaweit nehmen Frauen Führungspositionen im Management zu 14 Prozent ein, in Deutschland nur zu 10 Prozent. Echte Karrieren bleiben ihnen (noch) weitgehend versperrt.

An den Universitäten in Deutschland sind C4-Professorenstellen nur von 4 Prozent der Frauen besetzt. Insgesamt verdienen Frauen hierzulande bei gleicher Ausbildung, gleichem Alter und Beruf immer noch weniger als Männer. Frauen sind im Schnitt länger arbeitslos als Männer und deutlich häufiger in Teilzeit beschäftigt. Chancengleichheit in Politik, Wirtschaft, Bildung ist am besten in Schweden gewährleistet. Es folgen die anderen skandinavischen Länder. Deutschland liegt an neunter, die Schweiz an vierunddreißigster Stelle. Der globale Beschäftigungstrend für Frauen besagt, dass heute mehr von ihnen als jemals zuvor erwerbstätig sind, allerdings mit sehr starken regionalen und branchenbezogenen Unterschieden. Im Rechtssystem einiger Länder liegt der Anteil der Frauen ebenso hoch wie der der Männer. Wahre Gleichheit zwischen Frauen und Männern ist noch außer Reichweite. Frauen sind, gemessen an ihrem gesamten Anteil an der Beschäftigung, drastisch unterrepräsentiert. Weltweit gilt: je höher die Stufe der Hierarchie, desto weniger Frauen.

Die Spitzenpositionen in den obersten Führungsetagen nehmen fast ausschließlich Männer ein. Auch wenn Frauen bestens qualifiziert sind, haben sie hier geringere Aufstiegschancen. Die männliche Durchsetzungsenergie im Konkurrenzkampf zeigt sich bislang erfolgreicher. Realistisch ist: Der überwiegende Teil der Mädchen und Frauen ist vorsichtig zurückhaltend. Diese typische Eigenschaft mag teils angeboren, teils erworben sein. Es ändert nichts an der Tatsache: Sie ist ungünstig für einen Wettstreit und für einen Konkurrenzkampf auf dem Weg an die Spitze. Im Straßenverkehr wirkt die Eigenschaft der Vorsicht, wenn Gefahr droht, lebenserhaltend.

Unübersehbar ist: In Europa erwerben mehr Frauen einen Studienabschluss als Männer. Ihre wirtschaftliche und berufliche Macht hat zugenommen, und damit ihre Unabhängigkeit. Nicht immer zum Vorteil der eigenen Kinder, vor allem dann, wenn berufstätige Mütter aus Zeitmangel oder Unwissenheit im Erziehungsprozess zu nachgiebig sind. Die technische Macht, auch die Atommacht, liegt nach wie vor in den Händen von Männern. Vielleicht sind die strebsamen Frauen eines Tages so weit und bauen die größten Flugzeuge der Welt, wie den Airbus A 380, und fliegen den Männern davon.

Literaturhinweise

Adameit, Hartmut., u.a.: Grundkurs Verhaltensmodifikation, Beltz, Weinheim, Basel 1983

Amendt, Gerhard: Scheidungsväter, Ikaru, Bremen 2003

Bast, Christa: Weibliche Autonomie und Identität, Juventa, Weinheim, München 1991

Benjamin, Jessica: Die Fesseln der Liebe, Stroemfeld, Frankfurt a. M., Basel 2004

Bischof, Norbert (Hg.): Geschlechtsunterschiede. Entstehung und Entwicklung. Mann und Frau in biologischer Sicht, Beck, München 1989

Bischof-Köhler, Doris: Von Natur aus anders. Die Psychologie der Geschlechtsunterschiede, W. Kohlhammer GmbH, Stuttgart, Berlin, Köln 2002

Blattert, Werner: Mitbestimmungen bei Konfliktsituationen, hg. von Gertrud Beck, Hirschgraben, Frankfurt a. M. 1973

Blattert, Werner: Bewältigung von Aggressionen, Diesterweg, Frankfurt a. M., Berlin, München 1979

Blattert, Werner: Wertekrise, Books on Demand, Norderstedt 2003

Bleck, Jörg / Bredow, Rafaela v.: Eine Krankheit namens Mann, in: Der Spiegel, Nr. 38, 2003, S. 150–163

Böhnisch, Lothar: Männliche Sozialisation, Juventa, Weinheim, München 2004

Borneman, Ernest: Das Patriarchat, S. Fischer, Frankfurt a. M. 1975

Bundesministerium für Familie, Senioren, Frauen und Jugend, Statistisches Bundesamt (Hg.): Wo bleibt die Zeit? Die

Zeitverwendung der Bevölkerung in Deutschland 2001/02, Wiesbaden 2003

Cube, Felix v.: Besiege deinen Nächsten wie dich selbst, Piper, München, Zürich 2002

Dawkins, Richard: Das egoistische Gen, Rowohlt Taschenbuch Verlag, Reinbek bei Hamburg 1996

Der Spiegel (Hg.): dtv Jahrbuch 2004, Hamburg, München 2003

Der Spiegel (Hg.): Jugend. Dumm durch TV? In: Der Spiegel, Nr. 39, 2005, S. 20–21

Diefenbach, Heike / Klein, Michael: „Bringing Boys Back In" Soziale Ungleichheit zwischen den Geschlechtern im Bildungssystem zuungunsten von Jungen am Beispiel der Sekundarschulab-schlüsse, Z. f. Päd., Jg. 48, Nr. 6, 2002, S. 938

Eibl-Eibesfeldt, Irenäus: Die Biologie des menschlichen Verhal-tens, Seehamer Verlag GmbH, Piper, München 1997

Gardner, Howard: Intelligenzen, Klott-Cotta, Stuttgart 2002

Gaschke, Susanne: Die Emanzipationsfalle, Bertelsmann, Mün-chen 2005

Gaschke, Susanne: Die Erziehungskatastrophe, Heyne, München 2003

Gehlen, Arnold: Urmensch und Spätkultur, Klostermann, Frank-furt a. M. 2004

Gmür, Mario: Der öffentliche Mensch, Medienstars und Medien-opfer, Deutscher Taschenbuch Verlag, München 2002

Hellbrügge, Theodor, u. a. (Hg.): Die ersten 365 Tage im Leben eines Kindes, Droemer Knaur, München, Zürich 1979

Heyne, Claudia: Täterinnen, Droemer Knaur, München 1996

Hoffmann, Arne: Sind Frauen bessere Menschen? Schwarzkopf & Schwarzkopf, Berlin 2001

Homes, Alexander Markus: Von der Mutter missbraucht, Books on Demand, Norderstedt 2004

Hradil, Stefan: Soziale Ungleichheit in Deutschland, Leske + Budrich, Opladen 2001

Hurrelmann, Klaus, u.a.: Einführung in die Kindheitsforschung, Beltz, Weinheim, Basel 2003

Hurrelmann, Klaus: Einführung in die Sozialisationstheorie, Beltz, Weinheim, Basel 2002

Hurrelmann, Klaus, u.a.: Gewalt in der Schule, Beltz, Weinheim, Basel 1999

Hurrelmann, Klaus, u.a.: Neues Handbuch der Sozialisationsforschung, Beltz, Weinheim, Basel 1991

Jäckel, Michael / Wollscheid, Sabine: Mediennutzung im Tagesverlauf: Ausweitung des Angebots und Strukturen der Zeitverwendung. In: Statistisches Bundesamt (Hrsg.): Alltag in Deutschland. Analysen zur Zeitverwendung. (Beiträge zur Ergebniskonferenz der Zeitbudgeterhebung 2001/02 am 16./17. Februar 2004 in Wiesbaden), Wiesbaden 2004, S. 373–411

Jones, Gerard: Kinder brauchen Monster. Vom Umgang mit Gewaltfantasien, Ullstein, München 2003

Jones, Steve: Der Mann. Ein Irrtum der Natur? Rowohlt Taschenbuch Verlag, Reinbek bei Hamburg 2005

Keller, Heidi (Hg.): Geschlechtsunterschiede, Beltz, Weinheim, Basel 1979

Kleiter, Ekkehard F.: Gender und Aggression, Beltz, Weinheim, Basel 2002

Kreienbaum, Maria Anna / Urbaniak, Tamina: Jungen und Mädchen in der Schule. Konzepte der Koedukation, studium kompakt, Cornelsen SCRIPTOR, Cornelsen Verlag, Berlin 2006

Künast, Renate: „Die Dickmacher". Riemann, München 2004

Kunczik, Michael, u. a.: Gewalt und Medien, UTB, Köln 2005

Kriminologisches Forschungsinstitut Niedersachsen, KFN, www.kfn.de: Mediennutzung und Schulleistung, Projektdauer: 2005–2008

Lerner, Gerda: Die Entstehung des Patriarchats, Campus, Frankfurt a. M., New York 1991

Lösel, Friedrich, u. a.: Aggression und Delinquenz, Luchterhand, München, Neuwied 2003

Meyers Lexikonverlag: Harenberg, Aktuell 2005, Das Jahrbuch Nr. 1, Mannheim, Leipzig, Wien, Zürich 2004

Miegel, Meinhard: Epochenwende – Gewinnt der Westen die Zukunft? Propyläen Verlag, Berlin 2005

Nummer-Winkler, Gertrud (Hg.): Weibliche Moral. Die Kontroverse um eine geschlechtsspezifische Ethik, dtv, München 1995

Pearson, Allison: „Working Mum", Roman über das tragisch-komische Schicksal einer Mutter, die Karriere macht, Wunderlich Verlag, Reinbek bei Hamburg 2003

Peukert, Rüdiger: Familienformen im sozialen Wandel, Leske + Budrich, Opladen 2002

Pfeiffer, Christian: Medienverwahrlosung als Ursache von Schulversagen und Jugenddelinquenz, in: Die Zeit, 39, 2003, S. 12

Pool, Robert: Evas Rippe. Das Ende des Mythos vom starken und vom schwachen Geschlecht, München 1996

Pollmer, Udo, u.a.: Lexikon der populären Ernährungsirrtümer, Piper, München, Zürich 2004

Prenzel, Manfred, u.a.: PISA 2003, Waxmann, Münster, New York, München, Berlin 2004

Reimers, Tekla.: Die Natur des Geschlechterverhältnisses. Biologische Grundlagen und soziale Folgen sexueller Unterschiede, Campus, Frankfurt 1992

Richter, Horst-E.: Ist eine andere Welt möglich? Für eine solidarische Globalisierung, Kiepenheuer und Witsch, Köln 2003

Ridderstrale, Jonas, u.a.: Karaoke-Kapitalismus, Redline Wirtschaft, Heidelberg 2005

Rost, Detlef H. (Hg.): Entwicklungspsychologie für die Grundschule, Verlag Julius Klinkhardt, Bad Heilbrunn/Obb. 1980

Schulze, Gerhard: Die Erlebnisgesellschaft, Campus, Frankfurt a. M. 2005

Simmons, Rachel: Meine beste Feindin, Kiepenheuer und Witsch, Köln 2003

Schwarzer, Alice: Nur Mutti hat die ganze Macht, in: Die Zeit, Nr. 45, 2003, S. 61–62

Schwarzer, Alice: Alice Schwarzer porträtiert Vorbilder und Idole, Kiepenheuer und Witsch, Köln 2003

Scheithauer, Herbert: Aggressives Verhalten von Jungen und Mädchen, Hofgrebe, Göttingen, Bern, Toronto, Seattle 2003

Statistisches Bundesamt (Hg.): Statistisches Jahrbuch 2005, Statistisches Bundesamt, Wiesbaden 2005

Spitzer, Manfred: Vorsicht Bildschirm, Klett, Stuttgart 2005

Thimm, Katja: Schlaue Mädchen. Dumme Jungen. Sieger und Verlierer in der Schule, in: Der Spiegel, Nr. 21, 2004, S. 82–95

Wunsch, Albert: Die Verwöhnungsfalle, Kösel, München 2000

Ziegler, Jean: Die neuen Herrscher der Welt und ihre globalen Widersacher, München 2003, Goldmann, München 2005, 3. Aufl.

Informationen durch Internet-Adressen:
www.aok.de, 2003
www.ard-werbung.de
www.bauermedia.com, 2003
www.bzga.de
www.bka.de
www.destatis.de, 2004
www.gfk.de
www.hasi.s.bw.schule.de / lehr 383.htm
www.ip-deutschland.de
www.kfn.de
www.marktstudie.de
www.uni-protokolle.de

stern, Nr. 41, 2003, S. 179
stern, Nr. 44, 2003, S. 268

Der Spiegel, Nr. 21, 2004, S. 84
Der Spiegel, Nr. 40, 2004, S. 179
Der Spiegel, Nr. 29, 2005
Der Spiegel, Nr. 39, 2005, S. 20–21

Die Zeit, Nr. 39, 2003
Die Zeit, Nr. 4, 2004, S. 3
Die Zeit, Nr. 6, 2004, S.20
Die Zeit, Nr. 7, 2004, S. 14
Die Zeit, Nr. 10, 2004, S. 8
Die Zeit, Nr. 22, 2004, Kinderprodukte

Globus, Stand: 2004